聊不完的艺术家

悲剧天才梵高

理想·宅 编著

化学工业出版社

·北京·

内容简介

文森特·威廉·梵高，荷兰后印象主义画家，也被誉为"表现主义的先驱"。本书第一部分通过对梵高的 8 个关键词和不同时期相关作品的解读，帮助读者了解梵高的生平。从童年时期就背负伤痛前行，到一声枪响对生命的终结，这期间他经历的痛苦、无助，以及背后的故事都一一展现在眼前。第二部分则精选出 44 幅梵高的经典作品进行解析，带领读者一起了解其创作背后的故事，并从不同角度来欣赏作品的美。

本书的内容专业性与故事性并重，不仅适合艺术院校的师生品鉴，也适合对梵高感兴趣的读者作为休闲读物进行阅读。

图书在版编目（CIP）数据

聊不完的艺术家：悲剧天才梵高 / 理想·宅编著 .
—北京：化学工业出版社，2023.11
ISBN 978-7-122-44122-5

Ⅰ.①聊…　Ⅱ.①理…　Ⅲ.①凡高 (Van Gogh,
Vincent 1853-1890)-生平事迹②凡高 (Van Gogh,
Vincent 1853-1890)-绘画评论　Ⅳ.①K835.635.72
②J205.563

中国国家版本馆 CIP 数据核字 (2023) 第 167368 号

责任编辑：王　斌　吕梦瑶　　　装帧设计：韩　飞
责任校对：宋　玮

出版发行：化学工业出版社
　　　　　（北京市东城区青年湖南街13号　邮政编码100011）
印　　装：北京宝隆世纪印刷有限公司
787mm×1092mm　1/16　印张12　字数230千字
2024年2月北京第1版第1次印刷

购书咨询：010-64518888　　　　售后服务：010-64518899
网　　址：http：//www.cip.com.cn
凡购买本书，如有缺损质量问题，本社销售中心负责调换。

定　　价：98.00元　　　　　　　版权所有　违者必究

前言

PREFACE

梵高的一生很短暂，只有短短的 37 年，而他真正的绘画生涯则更加短暂，只有弹指一挥的 10 年。但是，他却用有限的生命，为人类艺术史创造出无尽的财富。梵高是后印象主义的先驱，其创作深深地影响了 20 世纪的绘画艺术，尤其是野兽派与德国表现主义。他创作的自画像、向日葵、鸢尾花、星空等主题的画作，现已跻身于全球最知名的艺术作品行列；而他笔下社会底层的农人、矿工……则更加牵动人心。梵高的一生虽有数不尽的孤独与伤痛，但他却将自己对生活的强烈渴望幻化成热烈的色彩。了解梵高的一生，既有同情，又有感动。

本书以生平和作品两条"路径"走近梵高，展现人物的命运与创作历程。生平部分以线性时间串联起梵高的成长与发展，可以了解到"在孤独中凝望世界的'边缘人'""'巴黎之光'造就的后印象主义先驱""与高更'相爱相杀'的癫狂艺术家""精神备受折磨的'悲剧天才'""当今社会的超级'带货王'"等诸多专属于梵高的故事。作品部分选取了 44 幅经典名作，聚焦于作品背景与画作本身进行解读。两部分相互补充，力图拓宽内容维度。

另外，本书中的画作均为高清图片，方便读者观赏作品细节，且每幅画作均标明绘制年代、实际尺寸及馆藏地址，为读者提供更加全面的作品信息。本书的最后整理了艺术家年表和艺术家画作分布，以此总结梵高的生命轴线坐标。

目录

CONTENTS

与高更"相爱相杀"的癫狂艺术家　/054

精神备受折磨的"悲剧天才"　/070

奥维尔麦田中形单影只的"守望人"　/084

当今社会的超级"带货王"　/092

第一部分

关于梵高的 8 个关键词

他自出生的那一刻，就被命运烙下"伤痛"，
使他终生都活在早夭哥哥的阴影之下。

他情路坎坷，每次用尽全力奔赴的爱情，
都被残忍拒绝，或是无情辜负。

他仕途多舛，在多份职业之间辗转，
于 27 岁那一年才确定了画家这一身份。

他一生穷困，生前只卖出一幅画，
平日全靠弟弟接济才能勉强度日。

他的一生是令无数人难以释怀的"意难平"，
而他向死而生的画作色彩则惊艳了世人。

他就是饮尽孤独，却依然热爱生活的悲剧天才梵高。

在孤独中凝望世界的"边缘人"

文森特·威廉·梵高（Vincent Willem van Gogh），1853 年 3 月 30 日出生于荷兰的一个小镇——津德尔特。他的父亲是一位牧师，母亲出身于落魄的贵族家庭。梵高的母亲懂得绘画和文学，这对于梵高童年时期的艺术启蒙有着一定的影响。

梵高的出生并不像大多数新生儿一样，为家庭带来的是幸福和甜蜜。相反，他的出生成为这个家庭再次被撕开的伤口。这是由于梵高出生的这一天，恰巧是他早夭哥哥的忌日。正因如此，梵高自出生起就一直活在哥哥的阴影下，连名字都是继承哥哥的，他仅仅是这个死去孩子的替代品。父母将对已故哥哥的怀念与期望强加在了幼小的梵高身上，让这位稚嫩的少年承受了许多本不该他承受的压力。梵高自己也承认这种不幸，他说："发芽的种子绝不会裸露在凝霜的寒风中，而那正是我的人生一开始就面临的状况。"

《狗》

1862 年
实际尺寸：无记录
现藏于：私人收藏

《牛奶壶》

1862 年
实际尺寸：无记录
现藏于：私人收藏

这两幅画作是已知的梵高最早期的作品，这一时期，梵高的作品主要以素描画为主。在画面中可以感受到梵高对于绘画世界的初探，以及对生活中事物的理解。

另外，由于梵高母亲自带的优越感，她不允许孩子们跟"下流社会"的人来往。她认为，与出身良好的人为伍，幸福与成功就会源源不断；一旦交友不慎，失败与罪恶便会紧随其后。由于梵高母亲的干涉，梵高在幼年时期几乎没有朋友，即便到了上学的年龄也被老师和同学排挤。家庭的压力与学校的冷暴力，使梵高从小便养成了孤僻的性格，而这些不幸仿佛是梵高的原罪，伴随了他悲剧的一生。

在梵高的童年时期，他仅有的温暖来源于两个方面，一方面是他的弟弟提奥·梵高（Theo van Gogh）对他的支持。提奥自小就是梵高的精神支柱，只要他有烦恼时，就会找提奥倾诉，而这一习惯一直保留到梵高去世。据统计，梵高一生中给提奥写了900多封信，可见弟弟在他心中的分量。另一方面，梵高的快乐是去田野间游逛，广阔的地平线、黄色的土地、辛勤的农民，都给梵高留下了深刻的印象，而这些元素也是后期梵高画作中常见的灵感来源。

《谷仓和农舍》

1864 年
实际尺寸：20cm×27cm
现藏于：私人收藏

这幅画作是梵高为父亲庆生而作的乡村风景，略显生涩的笔触描绘了生活中最为常见的景象，也记录了梵高童年时期的生活场景。

在经历了辍学、在家接受教育、寄宿之后，1869 年 7 月，16 岁的梵高在父亲的安排下来到了叔叔在海牙的公司，成为古庇尔和西公司的一名职员，负责售卖画作和艺术品。仿佛想为童年时期的孤僻和散漫赎罪一般，梵高很快适应了新生活，且百般努力地做好自己的工作。

这一时期，梵高对艺术领域的兴趣愈加浓厚，他如饥似渴地阅读着关于各地艺术家、艺术史及艺术收藏类的书籍，还经常去参观各大美术馆和博物馆。他曾在给弟弟的信件中写道："多看些古董画是件好事。"

1871 年，梵高第一次遇到了爱情，一位名叫卡罗琳·汉尼贝克（Caroline Haanebeek）的女子走进了梵高的内心，但不幸的是，这位女子心有所属，她已经和自己的表哥确定了婚约。

《车道》

1872~1873 年
实际尺寸：18cm × 22.5cm
现藏于：荷兰阿姆斯特丹　梵高博物馆

《运河》

1872~1873 年
实际尺寸：26cm × 25.5cm
现藏于：荷兰阿姆斯特丹　梵高博物馆

梵高的这两幅画作笔触随意，他更注重
的是对身边景物的情感投射，而并非要
将这些场景原封不动地表现出来。

《埃顿的教堂和牧师住宅》

1876 年
实际尺寸：9.5cm×17.8cm
现藏于：荷兰阿姆斯特丹　梵高博物馆

梵高在这一时期的画作并不多，其中教堂题材
的画作占据大多数。这些画作充分反映了梵高
当时内心渴望成为一名牧师的愿望，他想通过
为世界做些善事来忘却孤独与忧愁，完成自我
救赎。

1873 年，卡罗琳出嫁，20 岁的梵高因为种种原因，从海牙被派往远在英国的伦敦。在这里，梵高遇到了第二次爱情——房东的女儿尤金妮亚·洛耶（Eugénie Loyer）。这一次，梵高依然没有得到爱情的眷顾，尤金妮亚并没有回应梵高热烈的感情。经历了两次情伤之后的梵高内心受挫，对生活刚刚燃起的热情被迅速扑灭，这也间接影响到他原本看好的职业生涯，开始迷上宗教，愤恨艺术的商业化。他开始不厌其烦地向顾客传教，把卖画的事情抛诸脑后。

于是，在 1876 年，23 岁的梵高被解雇了。

  1873 年，梵高在写给弟弟提奥的一封信中提到："不断朝成为'诚实的人'的目标努力是对的，但你必须明白，要做到这一点，你得首先成为'崇尚内在精神的人'。如果你坚信自己是这类人中的一分子，你就会默默地、从容地坚持自己的道路，从不怀疑自己一定会赢得最好的结果……重返自己的工作，不再困惑与动摇……就我来说，我必须成为一名优秀的牧师，对世界做些有用的事。"这时的梵高认为自己找到了一份值得为其献身的工作，就是成为一名传教士，他希望带着善意去生活。

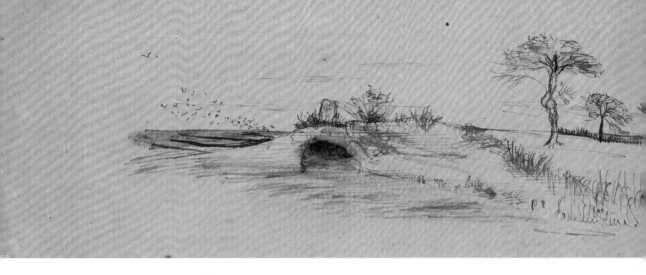

《麦比拉洞》

1877 年
实际尺寸：7cm×15.5cm
现藏于：荷兰阿姆斯特丹　梵高博物馆

这幅速写的笔法和构图都很随意，但画面的场景却十分丰富，洞穴、树木及飞鸟成为画面中的主要元素，这些元素是梵高从童年时期起就非常感兴趣的。

1876 年，梵高被解雇之后，曾先后从事过代课老师、书店店员等职业，但都没有激起他的兴趣。于是在 1877 年，梵高的家人将他送到位于阿姆斯特丹的叔叔家中，希望作为神学家的叔叔能为梵高指引方向。于是在这一时期，梵高开始准备入读阿姆斯特丹大学神学系，但遗憾的是入学考试落榜了。1878 年 7 月，梵高离开叔叔家，前往拉肯的一个传教士培训学校接受了三个月的培训，但最终再次以落榜告终。

《煤矿咖啡馆》

1878 年
实际尺寸：14cm×14cm
现藏于：荷兰阿姆斯特丹　梵高博物馆

这幅速写以一个咖啡馆为创作主体，这里是梵高日常散步会去的地方。同时，来自博里纳日的矿工每天去煤田之前，也会在这个咖啡馆聚集。画面中的屋檐低垂、泥墙灰暗，给人带来沉郁之感，但梵高用一轮新月为画面增加了一抹柔和色彩。梵高画完这幅速写后，将其寄给了提奥，并在信中写道："我将被煤矿咖啡馆带领着进入煤田。"

《赞得尼克之家》

1879~1880 年
实际尺寸：23cm × 29.5cm
现藏于：美国华盛顿
美国国家美术馆

尽管放弃了上学的计划，梵高"为主服务"的信念仍坚定于心。于是，他离开了阿姆斯特丹，前往比利时寻找新的机会，并于 1879 年 1 月接受了一份到比利时南部工业区博里纳日的小瓦姆村做业余传教士的工作。

在这里，梵高给病弱的矿工上课，为他们读经。同时，梵高在博里纳日与矿工和他们的家人同住，分担他们的穷困之苦，他几乎将自己拥有的一切物质全部给予出去。梵高深深地同情这些底层社会的人们，他给提奥写信说道："那是个昏暗的地方，第一眼望去，周遭弥漫着一种阴沉的死亡气息。矿工基本上都因为病痛的折磨而憔悴苍白。他们看起来筋疲力尽，面容枯槁，在恶劣环境的影响之下未老先衰。女人们则面色蜡黄而干涩。"

《房子》

1879 年
实际尺寸：23cm × 29.5cm
现藏于：美国华盛顿　美国国家美术馆

在 1879 年，梵高因为职业的原因和家人产生隔阂，并就此与家人断绝信件来往约一年的时间。1879 年 9 月到 1880 年 6 月之间并无相关信件往来记录，直到 1880 年 7 月才与提奥恢复了通信。但是，从这两幅有关房子的画作中，可以看出梵高的孤独感，也可以看出他对家人的思念。

但是，梵高此般悲天悯人的性格与极端强烈的宗教情感，却令福音布道委员会的成员一致认为梵高不适合成为一名传教士。因其邋遢的外表和落魄的生活，会令人们不愿意信仰上帝。他们说："你应当引导矿工认识上帝，而不是成为矿工的一分子。"成为传教士的梦想破灭之后，绘画成为梵高唯一想做的事情，他决定成为一名画家。在这一时期，梵高用绘画代替传教作为自己的职业，矿工以及他们的生活状态成为他的创作素材。

《矿工》

1879 年
实际尺寸：无记录
现藏于：荷兰奥特洛
克勒勒·米勒博物馆

梵高对劳动人民抱有深深的怜悯之情，他希望能用画作引起世人对劳动人民的关注。梵高试图在艺术中表现生命个体在社会中的孤立无援，以富有写实意味的艺术形式突出表现社会中平凡的劳动人民。画面中，矿工孤独落寞的形象在幽谧的空间中得到强化，同时幽暗的画面放大了其内心的落寞与生活的艰辛。

《矿工们》 1880 年
实际尺寸：44cm×55cm
现藏于：荷兰奥特洛　克勒勒·米勒博物馆

《黎明雪中的矿工》 1880 年
实际尺寸：15cm×20cm
现藏于：荷兰阿姆斯特丹　梵高博物馆

徘徊在人生转折点的"伤心人"

　　1880 年，这一年可谓是梵高人生的转折点。在此前的 27 年，梵高对于自己的未来规划是混乱且无序的。但是在这一年，梵高从癫狂的状态中逐渐恢复了平静。他在弟弟提奥的支持下，于当年的 10 月搬去了布鲁塞尔，开始研习绘画技巧，也和其他画家有了接触。同时，梵高开始临摹他最喜欢的法国艺术家让-弗朗索瓦·米勒（Jean-Francois Millet）的作品。

《晚钟》

1859 年
让-弗朗索瓦·米勒
实际尺寸：55.5cm×66cm
现藏于：法国巴黎　卢浮宫

《晚钟（临摹米勒）》

1880 年
实际尺寸：47cm×62cm
现藏于：荷兰奥特洛 克勒勒·米勒博物馆

《晚钟》是米勒的代表性作品，画面上夕阳西下，一对农民夫妇结束了一天的劳作。这时远处的教堂响起了钟声，他们习惯性地放下手中的工具开始祈祷，感谢上帝赐予他们的一切。画面中不但表现了人物的样貌和自然的色彩，还描绘出了声音和思想。虽然教堂很小、很远，但观赏者随着米勒的笔触仿佛可以听到教堂里晚钟的声音。画面中农民虔诚祈祷的姿态，则可以令人感受到其善良、勤劳的品质。米勒在画面中所表达的这些情感，正是深深打动梵高的地方，于是梵高用自己熟悉的素描手法将其临摹下来。

　　米勒用现实主义的眼光去观察自然，反对学院派的理念，对梵高接下来的艺术生涯有着巨大影响。梵高效仿米勒，从生活中选取绘画对象，并开始注重画作情感的描绘。他说："如果我有一天能将他们画出来，将这些不为人知的人物类型带入公众的视野，那我不胜荣幸。"

《沼泽里的睡莲》

1881 年
实际尺寸：23.5cm×31cm
现藏于：私人收藏

这幅画是梵高送给妹妹威廉敏娜·梵高（Willemina Jacoba van Gogh）的礼物。她于 1881 年 6 月离开埃顿，前往阿姆斯特丹担任家庭教师。梵高便在沼泽地画了一幅钢笔画，将其作为送给她的临别礼物。

《沼泽》

1881 年
实际尺寸：47cm×59.5cm
现藏于：加拿大渥太华
　　　　加拿大国立美术馆

在这幅画作中，梵高将个人的情感释放出来，沼泽地的风景体现了他的精神状态。另外，这张画作中坚硬的图形轮廓和阴影，是梵高早期作品的特征。

1881 年春天，梵高回到埃顿，与父母同住。他开始以邻居为模特练习绘画，同时常去户外写生。为了更好地作画，梵高研读了许多绘画方面的书籍。他发现，擅用色彩的画家会通过颜色的表达使画面贴近真实的自然，并通过对色彩对比的熟练运用，来塑造每个事物的鲜明特点。

此时，提奥被提拔为古庇尔和西公司巴黎分部的经理，他从财力上支持梵高，使他可以全身心地投入艺术创作之中。但梵高的父母却对其当画家的人生选择失望至极，这在他们的眼中无异于社会上的失败者。

《炉边的老人》

1881 年
实际尺寸：56cm×45cm
现藏于：荷兰奥特洛　克勒勒·米勒博物馆

在这幅画作中，梵高将人物与场景结合起来进行创作，令画面有了故事性，更能打动人心。

此外，在同一年的 8 月，梵高新寡的表姐凯伊·沃斯·斯特里克（Kee Vos Stricker）的到访，更是令梵高和父母的关系雪上加霜。因为，梵高爱上了这位大他七岁且有个八岁儿子的女子。他写信给提奥说："我要告诉你，这个夏天我是多么爱凯伊·沃斯。就好像她是我最最亲近的人，我也是她的。除此之外，我无法用其他语言来表达。"但是，凯伊·沃斯坚决地回绝了梵高，她说："不，绝不，不可能。"

心爱之人的拒绝，至亲父母的不理解，再次令梵高做出了疯狂的举动——他将手伸入炽热的煤油灯来表示自己对于爱情的坚贞。但他的做法无疑让人震惊且惊恐，甚至令家族蒙羞，成为当地人的谈资，这让他的父母更加感到丢脸。而梵高也深感自己与父母之间的矛盾，他身心俱疲，在给提奥的信里说道："父亲不能对我感同身受，我也无法迎合父母的生活节奏，对我来说太压抑了——我喘不过气来。"但是，提奥却因为梵高对父母的态度，而跟他大吵一架，信中言辞激烈。虽然，提奥还是给梵高寄去了生活费，却一直不想跟他见面，这让梵高的内心更加受伤。于是，1881 年的圣诞节，梵高决定从家里搬出去住，他再一次回到海牙，继续他的职业生涯。

这两幅画作是梵高早期的人物肖像画，虽然画面的色彩暗淡，但已经可以看到梵高在试探性地将色彩运用到画面中。

《编织的年轻女子》

1881 年
实际尺寸：51cm×35cm
现藏于：荷兰阿姆斯特丹　梵高博物馆

《斯海弗宁恩的年轻渔妇》

1881 年

实际尺寸：23.5cm×9.5cm

现藏于：荷兰阿姆斯特丹　梵高博物馆

《屋顶》

1882 年
实际尺寸：39cm×55cm
现藏于：私人收藏

1882 年，梵高的一位叔伯给了他平生第一份委托——十二幅海牙市景画。
这一系列作品的创作让梵高得以提高作画的透视技巧。

　　梵高在海牙期间，与远房表亲，当时已成名的海牙画派领袖之一安东·莫夫（Anton Mauve）学画。梵高很珍惜这次机会，他觉得自己的绘画技巧尚不够好，因此利用一切时间废寝忘食地练习。但好景不长，梵高与莫夫产生了分歧，起因是莫夫想要梵高照着石膏模型练习，而梵高却坚持雇用真人模特。他花钱请穷人来当模特，这些穷人深深地吸引着梵高，梵高总能从他们不完美的形象中找到亮点。他给提奥的信中写道："也许我没有能力与高贵的人交往，我对贫穷和简单质朴的人更有感觉。"

《戴高顶礼帽的老人》

1882~1883 年
实际尺寸：60cm × 36cm
现藏于：荷兰阿姆斯特丹
梵高博物馆

这张肖像画的主人公是阿德里亚
努斯·雅各布斯·祖德兰（Adrianus
Jacobus Zuyderland），梵高钦
佩其骄傲的姿态与坦然的性情，
因此这位老人是梵高肖像画中的
"常客"。

1882 年初，在与这些穷人模特的交往之中，梵高邂逅了妓女西恩·霍伦尼克（Sien Hoornik）。当时西恩身怀六甲，还带着一个五岁的女儿。但梵高对西恩充满同情，收留了怀孕的西恩和她的孩子，并下决心要照顾她的生活。他们租了一处房子，使西恩和她的幼女及刚出生的婴儿得以栖身。

在这段时间，梵高对家的渴望似乎变成了现实。但无疑的是，梵高的父母和亲属对其选择感到震惊，莫夫也开始更加厌弃梵高。虽然提奥不赞同哥哥的选择，但还是一如既往地给予他经济上的支持，只是那些钱远远不够支撑他们的生活。

而西恩与梵高的关系也并不是一帆风顺，因为西恩的再次失足使梵高感到失望，于是他决心了断这段感情。梵高给提奥写信时伤心地说道："尽管一开始我就知道她的失足，但我仍幻想她能回头是岸，踏实地生活。如今，特别是当我不再见她，回想关于她的种种，我愈发认识到，想让她的生活步入正轨其实为时已晚。"

《穿围裙的女孩》

1882~1883 年
实际尺寸：48.5cm×25.5cm
现藏于：美国波士顿 波士顿美术博物馆

这幅画作中的小女孩被认为是西恩五岁的女儿玛丽亚·威尔金尼娜（Maria Wilhelmina）。梵高非常喜爱西恩的这个小女儿，他将温柔的情感表现在画面中，同时还画了一个墨水画框，表明他相信这幅画是成功的。

在颠沛流离中探索希望的"寻梦人"

　　1883年9月，梵高告别了西恩，离开了海牙，也远离了他和西恩问题越来越多的家庭生活。他去了德伦特的乡间，画当地的荒野沼泽。他觉得当地的风景美好，令人心神愉悦。他给提奥写信说："德伦特很美好，但待在这儿也取决于许多事情——有没有足够的钱维持生计，还要看你能不能耐得住寂寞。"果然，梵高没有打破现实的窘迫，不到三个月，严寒、孤独和贫穷就迫使梵高离开德伦特，去往其父母在北布拉班特省纽南的新家。

《沼泽中的两个女人》

1883年
实际尺寸：28cm×36.5cm
现藏于：荷兰阿姆斯特丹　梵高博物馆

在这幅画作中出现了暗沉的色彩，用来渲染农人辛苦劳作的场景，也令人感受到她们被繁重生活所累的困苦。

这片寂寥荒野中的景象，使人心情沉重。梵高形容这片景象时曾说，"永远腐烂着的尸体般的景象，唯一产出的作物就是霉菌"。

《沼泽地的风景》

1883 年
实际尺寸：34.5cm × 42.5cm
现藏于：美国波士顿　波士顿美术博物馆

这幅画作描绘的是一个笼罩在夕阳余晖中的村庄。这个村庄在白天晴朗的时候，梵高觉得"像沙漠一样令人厌烦、乏味和疲惫"，但在傍晚昏暗的光线下，他却觉得"壮观"。

《德伦特风景》

1883 年
实际尺寸：31.5cm × 42cm
现藏于：荷兰阿姆斯特丹　梵高博物馆

《在纽南附近的杨树小巷》

1885 年
实际尺寸：78cm×97.5cm
现藏于：荷兰鹿特丹　波伊曼·凡·布宁根博物馆

这是一幅描绘纽南乡村场景的画作，人物在大场景中显得十分渺小，树木成为画面中的主角，引导着观看者的视线。

当时的纽南算是"农民画家"的理想之地。不少农夫、乡间劳工和织工都住在这里，梵高可以时常描绘这些人物。此时，梵高已经在纽南安稳下来，他在自家房屋的后面开辟了一个小画室，几个月后，还去镇上租了一处更大一些的空间用来作画。在梵高居住在纽南的两年左右的时间里，他的创作速度很快，大概画下了200余幅油画作品。

《工作的织布工》

1884 年
实际尺寸：48cm×61cm
现藏于：荷兰鹿特丹
        波伊曼·凡·布宁根博物馆

这幅画作描绘的是一个正在工作的织布工，梵高在写给好友安东尼·范·拉帕德（Anthon van Rappard）的信中说："布满尘垢的橡木织机仿佛是一团黑乎乎的怪物，在这怪物身上装着很多棍棒，与灰暗的背景形成鲜明对比。就在这怪物中间，坐着一只黑猴子，也许坐着个地精，又或许是个幽灵，它从早到晚都在拨弄那些棍棒，让这怪物咔咔作响。"

　　这时期的梵高依然没有和家人和解，他曾数次想要离开这里，但是弟弟提奥反对他的离开，于是梵高和提奥达成了一个协议——提奥每个月支付给梵高生活费，作为交换，梵高要用自己画作所产生的价值来回馈提奥。从那一刻开始，梵高所创作的所有画作都成了提奥的财产。

　　1885年年初，一位巴黎的画商对梵高的作品产生了兴趣，让提奥询问他的哥哥梵高是否有能拿得出手的作品以供参展。正是这次机会，梵高第一幅真正意义上的重要作品——《吃土豆的人》诞生了。这一年的8月，梵高的油画作品《吃土豆的人》和几幅农民肖像画出现在了海牙一个画商的展览橱窗中。但现实是残酷的，由于此时梵高的画调晦暗、阴沉，这些作品并没有售卖出去。梵高觉得是因为他的弟弟提奥没有努力推销，而提奥则告知梵高说，他的画作不符合当时法国人的"口味"，因其当下正在流行亮色的印象派画风。

《吃土豆的人》

1885 年
实际尺寸：81.5cm×114.5cm
现藏于：荷兰阿姆斯特丹　梵高博物馆

创作《吃土豆的人》这幅画作时，梵高深受到荷兰传统绘画及法国现实主义画派的影响，画风写实深沉，乡土气息浓厚。画面中的主角是五个人物，他们以半身像形式呈现，聚在一起吃晚餐。画中的墙面烟迹斑斑，女人戴着满是灰尘的帽子，在灯光下更显灰暗；男人们则具有粗犷的面孔、关节粗大的双手和疲惫不堪的身躯。梵高笔下的这些农人仿佛带上了土地的颜色。梵高有意地减少对衣纹的刻画并强化了表情，以凸显农人气质，他将农民内心的情感、灵魂呈现于画面中，令观看者可以感知到画面中劳动人民的生活方式。1885年5月，梵高在给弟弟提奥的信中这样描述这幅画作："这个颜色就是用来描绘人物（头部）的颜色，和一个积满尘土、没有剥皮的真实土豆差不多。"

《头发疏松的女子头像》

1885 年
实际尺寸：35.2cm × 24.4cm
现藏于：荷兰阿姆斯特丹　梵高博物馆

这幅作品的笔触没有那么厚重，色彩也相对清
新了一些。关于这幅肖像画，梵高说自己力求
还原"这个女人的欲求和哀伤"。

《戴红帽的农民肖像》

1885 年
实际尺寸：43.2cm × 30cm
现藏于：荷兰阿姆斯特丹　梵高博物馆

在这幅肖像画中，梵高大胆地运用了红色头巾
和绿色衣服来形成对比，虽然画面的整体色调
依然暗沉，但在用色上已经有所突破。

《抽烟斗的农民头像》

1885 年
实际尺寸：44cm×32cm
现藏于：荷兰奥特洛　克勒勒·米勒博物馆

这幅肖像画有一丝漫画的味道，红色围巾的出现表明梵高对鲜艳色彩的兴趣越来越浓厚，而这种兴趣主导了他在法国期间的艺术创作。

《戴白色帽子的农妇》

1885 年
实际尺寸：41cm×31.5cm
现藏于：瑞士苏黎世　布尔勒收藏展览馆

在这幅画作中，农妇的姿势看起来并不自然，但是梵高不以为意，他认为此画表达的是他眼中的人物姿态，表达的是模特当下的一种状态。

到了 1885 年 11 月，梵高再次背井离乡，移居到了比利时西北部的小城安特卫普。梵高这次的离开，依然是因为来自家庭的责难。在该年的 3 月，梵高的父亲突然中风离世，而在几周之前，梵高与父亲一直在争论有关基督教教义和道德方面的事情。妹妹安娜·科莉妮娅·梵高（Anna Cornelia van Gogh）将父亲的离开归咎于梵高，致使梵高无法在家中继续待下去。梵高先是回到镇上的画室小住，随后离开了纽南，告别了荷兰，自此再也没有踏上过故乡的土地。

《静物：打开的圣经》

1885 年
实际尺寸：67.5cm × 78.5cm
现藏于：荷兰阿姆斯特丹　梵高博物馆

由于《静物：打开的圣经》这幅画作在创作时，梵高正经历丧父之痛，所以画风深沉，色调忧郁。梵高利用色彩、形体、透视和比例等技法将内心与真实世界之间的痛苦关系呈现在人们面前。
在这幅画面中有两本书，其中翻开的圣经传达了梵高的自责之情——由于此前没能处理好与父亲的关系。《圣经》右下角放着左拉的小说《生活的喜悦》，这是一部教人不要一味索取，而要学着去付出爱的书籍，传达出梵高欲将对父亲的不满情绪消融在这灰暗的画面空间里。而画面右侧描绘了一根熄灭的蜡烛，这是绘画艺术中对"生命稍纵即逝"的传统象征。

梵高来到安特卫普的 3 个月里，努力地学习绘画并沉醉其中。他开始研究色彩学和彼得·保罗·鲁本斯（Peter Paul Rubens）的作品，同时还买下了一些日本浮世绘，这些来自日本的作品后来也给予了他创作上的灵感。梵高在此时期的作品延续了纽南时期的现实主义风格和深沉的笔触，但同时作品中的色调也逐渐变得明亮起来，色彩也丰富了许多。

梵高甚至参加了安特卫普皇家美术学院的入学考试，这一次他顺利入学，学习油画和素描。但没过多久，因为不正规的绘画方法，梵高与教他的油画老师和素描老师双双产生矛盾，最终被勒令重读，梵高则选择了离开。他在信中向提奥表达对学校的不满："实际上，我认为在学院里看到的画都拙劣得不可救药——甚至从根本方向上就不对。我知道我的画完全不一样——时间会证明一切的。那儿糟透了，甚至都找不出一个了解到底什么是古典雕塑的人。"

《安特卫普雪景》

1885 年
实际尺寸：44cm×33.5cm
现藏于：荷兰阿姆斯特丹　梵高博物馆

在安特卫普，梵高绘制了许多关于城市景观的画作，《安特卫普雪景》便是其中一幅。虽然这些抹灰的房屋后面并没有房屋正面那么吸引人，但梵高想通过画面表达的是当时的气候。画面中，雪后的景象给人一种冷冽的感觉，屋顶上薄薄的雪层使这种印象更加深刻。此外，画面中的房屋，有梵高当时租住的那一栋。

"巴黎之光"造就的后印象主义先驱

　　在安特卫普短暂居住之后，梵高对农民画的探索到了一个极限，加之不堪的生活境遇，梵高于1886年2月来到巴黎，期望寻找新的创作题材。至此，梵高阴暗的画风彻底变得明亮起来。

　　抵达巴黎之后，提奥给梵高创造了更适合绘画的环境——在短暂居住在拉瓦尔街25号小公寓的数月之后，梵高搬到了勒皮克大街的54号公寓。这座公寓坐落在蒙马特高地，蒙马特一直保留着一个"大城市艺术家避难所"的名声，同时，风景是蒙马特高地的标志，这里每天都有成群结队的观光者，踏上蒙马特山丘的顶端眺望巴黎著名的景观。

《巴黎的屋顶》

1886年

实际尺寸：37cm×44.5cm

现藏于：荷兰阿姆斯特丹　梵高博物馆

这幅画的视角是从蒙马特山丘的一角来眺望巴黎景色。在这幅画作中，梵高使用了色彩并置法来代替明暗和阴影，这种构造画面的手法虽然有所突破，但色调尚未脱离灰色调。好在画作的笔触轻快，非常吸引人。

梵高发现这里卫兵似的风车和残破的风景非常吸引人，同时，游客们也喜欢争相购买蒙马特高地独特的城中村风景画。于是，梵高日复一日地用素描画和油画描绘出这里风景如画的小山、红磨坊外的街道，以及山顶上林立的房屋和公园。

《蒙马特采石场的小山丘》

1886 年
实际尺寸：56.5cm × 62.5cm
现藏于：荷兰阿姆斯特丹　梵高博物馆

这幅风景画以梵高真实生活中的社区为原型，描绘的是位于蒙马特后面山坡上的采石场。这个采石场曾为这座城市提供了数百年质量上乘的石灰石，然而，到了梵高的年代却基本上被人们抛弃了。这幅画作展现了梵高对景物的深入观察，画面中的人物小巧可爱、画法简洁。梵高采用了现实主义的色彩，用柔和的光线渲染整个环境。

同时，在这一年的4月至5月，梵高曾在费尔南德·柯罗蒙（Fernand Cormon）的画室求学，希望在那里提高绘画技巧。然而，这里的学习生活并不适合梵高，因为他发现这里的教学标准对于他来说并不那么有用。

　　所幸的是，在画室的这段时间里，梵高结识了埃米尔·伯纳德（Émile Bernard）、亨利·德·图卢兹－洛特雷克（Henri de Toulouse-Lautrec）、路易·安克坦（Louis Anquetin）、阿诺德·康宁（Arnold Koning）这些有着独立思想的艺术家。这五位朋友时常互相鼓励，甚至寻找场地展示他们的作品。鉴于梵高过去有着在艺术品贸易方面的经验，他便担任协调人来为大家做一些力所能及的事情。梵高非常享受这种艺术上的情谊，也为能给大家提供帮助而感到快乐。与此同时，这些新朋友对梵高的画风渐生影响，并激励梵高去自由地实验。

《铃鼓和紫罗兰》

1886 年
实际尺寸：46cm × 55.5cm
现藏于：荷兰阿姆斯特丹　梵高博物馆

在巴黎的克利希大街有一家叫作"铃鼓"的咖啡馆，店名来源于其店里的桌子、椅子等物件，因其形状都像铃鼓。梵高和这家咖啡馆结缘，很可能是受到洛特雷克的影响。

在这幅画作中，紫罗兰花束置于铃鼓之上，呈现出鲜艳且盛放的姿态。关于这幅画作有着多样的解读，有人说这是梵高将送给店主阿格斯蒂娜·塞加托里（Agostina Segatori）的求爱花束作为创作素材，也有人说这仅仅是梵高为了谋生画下的"商业画作"。

1886年5月，梵高观看了第八届印象派画展，也是最后一届印象派画展。当时的梵高和十几年前一样，并不认同印象画派的创作手法，他认为印象派只停留在描绘事物的表面美，而自己更想去表现事物内在的本质和精神。

他后来回忆初次见到印象派画作时的感受，"你会感到非常、非常失望，会认为他们画得很马虎、很丑陋、很糟糕。素描很糟糕，色彩很糟糕，一切都糟糕透了。"在同一个展览上，梵高还看到乔治·修拉（Georges Seurat）的《大碗岛上的星期天下午》及其他艺术家的作品，这些作品依然没有触动当时的梵高，却在不久的将来，对梵高的画作产生了深远影响。

当时的梵高有着一套自己的色彩理论，"互补色乃是真正的福音，欧仁·德拉克罗瓦（Eugène Delacroix）乃是真正的先知。"由于梵高当时经济窘迫，没有钱请模特，却要探索色彩的表现。于是在巴黎的这一时期，梵高创作了26幅自画像，占据了他一生创作的自画像的绝大部分。

《画架前戴深色毛毡帽的自画像》

1886 年
实际尺寸：46.5cm × 38.5cm
现藏于：荷兰阿姆斯特丹　梵高博物馆

这是梵高创作的第一幅油画自画像，此时他的画作风格尚属于巴洛克艺术风格，有着向伦勃朗致敬的味道。在巴黎期间，梵高所创作的26幅自画像中，只有两幅表现了作画时的自己，同时这两幅画作分别标志着他在巴黎两年生活的开始和结束。

《衔烟斗的自画像》

1886 年
实际尺寸：46cm×38cm
现藏于：荷兰阿姆斯特丹　梵高博物馆

这幅自画像具有古典主义的风格，人物形象清楚地显现在由
棕色点状笔触描绘出的深色背景上，梵高采用了深暗的色调
来描绘这幅肖像画。在这幅作品里，如果人们想要寻找梵高
笔下的纯净色调，只能是徒劳，然而不久后，纯粹的用色风
格则成为梵高的艺术特征。

《戴灰色毛毡帽的自画像》

1887 年
实际尺寸：41cm × 32cm
现藏于：荷兰阿姆斯特丹　梵高博物馆

这幅自画像被认为是梵高艺术生涯中的代表作。梵高在画这幅画时，特意戴上了礼帽，穿上了夹克，还系了丝巾，以此显示他城市居民的身份。但显然他对这身装束并不满意，从画面里他严肃的眼神中就能感觉到。

《画架前的自画像》

1887~1888 年
实际尺寸：65cm × 50cm
现藏于：荷兰阿姆斯特丹　梵高博物馆

这是梵高在巴黎画的最后一幅自画像，也是最大的一幅。这幅自画像虽然也采用了传统的结构，却带有职业宣言似的色彩，因其既突出了作者的阶级身份，又突出了画家身份。

此外，在这一时期，梵高画下了大量静物画，瓶中的花卉、破旧的靴子，甚至是画室中小小的裸体石膏。他用互补色来反复地描绘它们，有些画作以生动的对比色表现，有些画作以和谐的色调渲染。他还画下过乌云密布下的城市生活，以此来否定印象派画家的阳光。这时的梵高以一种不妥协的对立情绪在自己的画作中表达了心声，向世人宣示着他对艺术的不同态度。

《一双鞋子》

1886~1887 年
实际尺寸：37.5cm×46cm
现藏于：私人收藏

《维纳斯的躯干》

1886 年
实际尺寸：35.5cm×27cm
现藏于：荷兰阿姆斯特丹　梵高博物馆

这幅作品完成于 1886~1887 年，完成的具体月份一直有争议。这幅画作是五幅系列画中的一幅，也是唯一的私人收藏画作。

画作中的这双鞋子是梵高专门在跳蚤市场上购买的"笨拙、笨重"的农民鞋。他曾在巴黎泥泞的街道上徘徊数周，以便让这双鞋子变得更加风化、沧桑。

这幅画作是梵高对石膏模型的系列研究之一。梵高拥有大约 11 个这样的古典雕塑，包括维纳斯的站立躯干等。在画这些雕塑时，梵高曾试验过不同背景的效果。画面中，梵高的笔触彼此成直角，在他后来的作品中不止一次地使用了这种方式。

《花瓶里的剑兰和翠菊》

1886 年
实际尺寸：46.5cm×38.5cm
现藏于：荷兰阿姆斯特丹　梵高博物馆

在这幅作品中，可以看到19世纪画家阿道夫·蒙蒂切利（Adolphe Monticelli）对梵高的影响，梵高兄弟二人曾买过这位画家的油画。此画也有如蒙蒂切利作品中的强烈色彩组合与浓重的油彩。

1887 年，是梵高创作思路转变的一年，他放弃了数年以来毫不妥协的创作手法，以及自己对印象派的偏见，开始尝试提奥一直以来向他宣传的印象派艺术风格，他想全力争取弟弟的认同。即使梵高的性格本身就反复无常、喜怒随心，但这一突如其来的戏剧性逆转却为世人带来了巨大的惊喜。

《阿涅尔塞纳河大桥》

1887 年
实际尺寸：52cm×65cm
现藏于：瑞士苏黎世　布尔勒收藏展览馆

这幅画作描绘了塞纳河畔生动的一幕，打着阳伞的资产阶级小姐，冒着浓烟的火车，以及壮观的大桥，无不丰富着画面内容。在这幅画作中，梵高用丰富的色彩来表达光线照射下的各种事物。

梵高在市区和郊外的路上架起画架，画下一直以来他所忽略的，但却被新艺术画家所喜欢的主题，他用明亮且饱和的光线来表现这些场景。此外，梵高还在春天的早上，来到3英里（1英里=1.6093千米）外的塞纳河畔，用印象派的强烈笔触画下了多幅反映资产阶级休闲生活的画面。这时的梵高彻底放弃了以往浓重的厚涂法和表面紧凑的构图法，开始用全新的笔触开始创作，而这些笔触就像色彩和光线那样成为新艺术的象征。

《沿着阿涅尔的塞纳河畔散步》

1887 年
实际尺寸：49cm×66cm
现藏于：荷兰阿姆斯特丹　梵高博物馆

在这幅画面中，梵高运用快速的笔触来捕捉一个特定地点的
色彩氛围，反映出了塞纳河岸的美丽风光。

同时，在这一年的春夏交接之际，梵高的画作中出现了时尚、迅速的短线和点，无疑这一画法来自点彩派画家的启发。梵高用克制的小点或离散的纯色块画下了风景的轮廓、安然的静物，以及自己和他人的肖像。

梵高彻底被点彩派迷住了，他仿佛在追赶曾经失去的时间，甚至可以在同一幅作品中出现点彩派的点与印象派的笔触。梵高在调色板上将不同的色彩混合在一起，让观众的眼睛自行感受其中的魅力。

《餐厅内部》

1887 年
实际尺寸：45.5cm × 56.5cm
现藏于：荷兰奥特洛　克勒勒·米勒博物馆

梵高曾与点彩派画家保罗·西克纳克（Paul Signac）有过一段情谊，在画作的创作上也有所交流。但这幅《餐厅内部》没有完全照搬西克纳克的创作手法，但采用了其中的主要原则：叠加近景和远景，从而简化空间结构，让人对画面以外的情境产生联想。在这幅画面中，比较随意地排列着色点，但对桌椅的处理更加细致，色彩对比也较为强烈。

《阿涅尔的阿尔根森公园》

1887 年
实际尺寸：75.5cm×115cm
现藏于：荷兰阿姆斯特丹　梵高博物馆

梵高以点彩派的风格描绘了这个公园，繁复的色彩交错地点在一起的画技，十分自然而合理地运用在这幅画作中。这是梵高在巴黎展出的第一幅画作，体现出梵高对这幅画的重视。

　　然而，到了 5 月底，梵高再次回归远离城市喧嚣的乡下，转向他最熟悉的风景画中。他放弃了印象派的主题与点彩派的规则，用自己充满个性化的新艺术笔触画下了爬满常青藤的灌木丛、透过树叶缝隙铺满细碎阳光的空地，还有那风吹麦浪、吓飞松鸡的夏日麦田的生动时刻。而这些景象也是提奥最倾心的有关大自然的惬意描摹。

《麦田上的云雀》

1887 年
实际尺寸：34cm×65.5cm
现藏于：荷兰阿姆斯特丹　梵高博物馆

这幅画于 1887 年夏天的画作，令人联想到梵高在奥维尔镇所作的《麦田鸦群》。但这幅画作令人感到清爽、明朗，仿佛可以听到远处清晰、婉转的云雀歌声。此外，这幅画的彩度较高，蓝色的天空和刚收割过的黄色麦田跃然于画面之上，横在中间的是波浪起伏的未成熟的黄绿色麦子。画面中仅有的点缀是一只飞翔着的云雀和茎秆上的几朵红罂粟。整幅画面的笔触短促有力，洋溢着勃勃的生机。

在逗留巴黎的期间，梵高还搜集了一些日本浮世绘风格的版画作品。实际上，梵高也许早在孩提时代就接触过日本艺术，因为他有一个伯伯曾在日本向西方开放的伊始，就从这个岛国带回一些神奇又有趣的工艺品。数十年后，当梵高抵达安特卫普后，他在这个开放的海边城市中到处搜集那些随处可见的、色彩鲜艳的日本木刻，并用浮世绘画作装饰自己的画室。梵高极爱日本版画中平常而美丽的风景，那些特有的装饰性色彩和线条对他来说充满了异域风情。

在 1887 年的下半年，梵高走向了一条新路，他的内心有一种更为强烈的主观愿望需要表达，而梵高认为浮世绘是走向现实艺术最有效的手段，他将浮世绘中具有东方特色的粗糙轮廓和色彩对比在自己的画作中体现得淋漓尽致。

《骤雨中的大桥》

1857 年
歌川广重
实际尺寸：37cm × 25cm
现藏于：日本东京　国立西洋美术馆

本画作为歌川广重《名所江户百景》系列中的一幅名作。画面使用俯瞰的角度，画出雨、新大桥和人。画中可以看见由不同大小、远近细节程度所表达出的透视感，亦为浮世绘后期，西方美学观传入后日本美术的特色之一。

《雨中的桥（临摹哥川广重）》

1887 年
实际尺寸：73.5cm×54cm
现藏于：荷兰阿姆斯特丹　梵高博物馆

在这幅画作中，梵高把原画中海的灰色改为绿色，为这幅画增添了生机，且原有的萧条感完全消失了。
这些做法足以证明梵高虽然为浮世绘所吸引，但仍然保有自己对色彩的思考。

《身穿云龙打褂的花魁》

1820~1830 年
溪斋英泉
实际尺寸：无记录
现藏于：日本千叶　千叶市美术馆

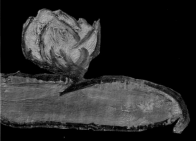

《艺妓（临摹溪斋英泉）》

1887 年
实际尺寸：100.5cm × 60.5cm
现藏于：荷兰阿姆斯特丹　梵高博物馆

梵高于 1886 年在《巴黎插画》的杂志封面上看到了溪斋英泉的这幅《身穿云龙打褂的花魁》，深受感染，于是先采用网格放大的方式复制了原图，再用粗糙的笔触涂抹明亮的颜色完成了这幅临摹作品。

梵高画中的人物姿势与《巴黎画报》刊登的作品如出一辙，但和原作人物的姿态方向是相反的。此外，梵高临摹完成的作品与原作色彩相差甚远，他大胆地使用了亮色和原色，展现出丰富的画面感。正是这种"创造性"的摹写，让他放开传统欧洲油画的那套标准，在构图、表现方式上放手尝试。

与高更 "相爱相杀" 的癫狂艺术家

　　梵高在巴黎度过了两年左右的时光，渐渐厌烦了巴黎的城市生活。他写信给提奥说："我好像几乎无法在巴黎工作，除非能在这儿找到一处藏身之地，好让我寻回平静的思绪，宁静致远。如果没有，就注定会变得彻底麻木。"于是，在 1888 年 2 月 20 日，梵高坐了一天一夜的火车，来到了一个拥有更多颜色和更多阳光的地方——普罗旺斯的阿尔勒。这是一个位于隆河河口的小镇，这里一望无垠的农田、连绵起伏的山丘、野蛮生长的橄榄树都深深打动着梵高，这个对于他来说完全陌生的地方，最终因他而被世人铭记。

　　由于梵高抵达阿尔勒时尚属冬季，持续的寒冷天气使梵高推迟了户外绘画的旅程，他在租住的公寓餐厅内支起画架，以便画下窗外的街景，以及房东寡居的岳母。待到天气好转时，梵高则去周围的咖啡馆等处寻找模特画画，或是去他向往的运河之堤、田野之中找寻创作的灵感。这一时期，颜料的革新也给梵高带来鼓舞，他尝试用一种原色来表达主题，再用近似色作为画面的呼应与映衬，或用鲜明的对比色作深入的延伸。

《阿尔勒的老妇人》

1888 年
实际尺寸：58cm × 42.5cm
现藏于：荷兰阿姆斯特丹　梵高博物馆

这幅画作是梵高在租住的公寓绘制的，画面中的人物很可能是公寓房东的岳母，她头上打结的头巾是典型的寡妇丧服。画面中带有灰调的蓝色头巾和衣衫有着沉静的味道，与人物的眼神、状态相呼应，平和中却有牵动人心的力量。

《从窗口看到的猪肉店（局部）》

1888 年
实际尺寸：40cm × 33cm
现藏于：荷兰阿姆斯特丹　梵高博物馆

在这幅画作中，梵高将窗户的几何结构与外部空间建立联系，形成了别有趣味的画面表现形式，巧妙而生动。此外，作品的色彩明亮，令人在观看此画作时，不觉冬日的凛冽，反而感受到一丝暖意。

1888 年 5 月，梵高在提奥的资助下，租住了被他称为"画家之家"的黄房子，他重新粉刷了外墙，且对室内进行了装修，他得意地写信给妹妹威廉敏娜·梵高："我在这里的房子，外面漆成鲜黄油般的黄色，搭配着耀眼的绿色百叶窗，房子在一个广场中，沐浴在灿烂的阳光下，这房子里有一个绿色的花园，里面种了梧桐、夹竹桃和洋槐。房子里面的墙完全被刷成白色，地板由红色的砖块铺就。在房子的上空就是耀眼的蓝天。在这间房子里，我可以生活、呼吸、沉思和作画。"

《黄房子》

1888 年

实际尺寸：72cm×91.5cm

现藏于：荷兰阿姆斯特丹 梵高博物馆

在这幅画作中，梵高用丰富的黄色与湛蓝的天际形成对比，反映出其内心强烈的情感。在初始创作中，梵高原本是想创作一幅夜景画，"窗口亮着，空中繁星闪烁"，但在定稿时，他特意强调阳光通过巨大的空隙照亮屋内的黑暗，所以整幢房子仿佛发出了光亮。梵高于1888 年 5 月住到这里，一直居住到 1889 年的 4 月。在梵高离开人世许多年后，黄房子被改为酒吧，但遗憾的是这个建筑物毁于二战。

与此同时，梵高还将"黄房子"定义为一个可供来访的艺术家生活和工作的地方。他开始和提奥商议，邀请志同道合的艺术家一起来此创作、生活。梵高在5月下旬草拟了一封邀请函给保罗·高更（Paul Gauguin），试图邀请这位在1887年于巴黎相识的友人前往。他说："我乐意让您知悉，我刚在阿尔勒租下了一幢带四个房间的楼房。私下以为，假如我能找到另一个意欲在南方工作的画家，而且，假如他与我一样，能全身心地投入工作，愿意过上修士般的生活……那将是一件美事。舍弟每月会寄给我们250法郎生活费，我们将分享这笔钱……您每月只需交一幅画给舍弟。"

寄给提奥的信中草图

《在阿尔勒的卧室（版本一）》

1888年
实际尺寸：72cm × 90cm
现藏于：荷兰阿姆斯特丹 梵高博物馆

梵高一共画了三幅《在阿尔勒的卧室》，这是第一个版本，创作于1888年10月中旬，是他在等待高更到来之前所画的卧室。画面中鲜明的黄色和淡蓝色作为主色调，冷色调的蓝中带紫的墙壁，给人以"绝对宁静"的感觉。在给提奥的信中梵高写道："我这次画的只是我的卧室。这幅画要由色彩来当家……就是说，要通过色彩，表现出休息或睡眠的氛围。一走进这个房间，想象力就可以得到休息……四四方方的家具表现卧室不应受到干扰的宁静。"此时，他热切地盼望着高更的到来，希望与他共同建造"南方画室"。

《在阿尔勒的卧室（版本二）》

1889 年
实际尺寸：72cm × 90cm
现藏于：美国芝加哥　芝加哥艺术学院

这幅画作的第二个版本创作于圣雷米的圣保罗医院。梵高强化了墙面的蓝色表现，加重了地板上的绿色阴影，令画面的色彩冲突性更强，从而反映出梵高内心的挣扎。

画作的第三个版本是送给母亲和妹妹的礼物，尺寸较小。整体墙壁的蓝色再次变得强烈。在给妹妹的信中，"空荡荡的卧室"的说法表明了梵高的孤独和希望有人陪伴的愿望。

《在阿尔勒的卧室（版本三）》

1889 年
实际尺寸：58cm × 74cm
现藏于：法国巴黎　奥赛博物馆

《戴红帽子的高更》

1888 年
实际尺寸：37cm × 33cm
现藏于：荷兰阿姆斯特丹　梵高博物馆

在这幅画作中，高更头戴红色贝雷帽，身披绿色外衣，梵高以厚涂的技巧描绘了这个"高贵的野蛮人"。

　　然而，高更对自己的艺术天堂有着别样的想法，而且很多时候和金钱有关。作为一个要养活一家六口人的前股票经纪人，高更无法对梵高乌托邦式的奢华梦想感同身受，这种志不同道不合的初心，为两个人后期的决裂埋下了伏笔。

　　时间就这样溜走，梵高在热烈地盼望着高更的到来，而高更却在反复衡量能在这对兄弟身上捞到多少好处。终于，高更在 1888 年 10 月 23 日选择来到阿尔勒。梵高和高更两个人孜孜不倦地一起工作了一段时间，他们曾一起去阿利斯康远足，去蒙彼利埃参观藏有库尔贝和德拉克洛瓦作品的法布尔博物馆。这一时期，两个人甚至还合作过多幅令人眼前一亮的作品。

《阿尔勒的舞厅》

1888 年
实际尺寸：65cm × 85.5cm
现藏于：法国巴黎　奥赛博物馆

这幅画作据说是梵高和高更合作的作品，画作的主题是他们经常光顾的一家舞厅，在这里正举办着一场节日舞会。画面中，晃眼的金黄色色块与诡异的靛蓝色色块形成的强烈反差，烘托出一种奇特、令人不安而又充满迷幻色彩的美。

但事实上，高更并不热爱阿尔勒，在巴黎出生的他听不懂普罗旺斯的方言，而且觉得这个小镇死气沉沉。而他的"心灵原乡"是充满原始野性的大洋洲的小岛大溪地，他仅仅想将阿尔勒作为攒足资金的临时中转站。

同时，高更和梵高的创作理念也充满差异，高更主要凭记忆和想象创作，而梵高偏好于画眼前之所见。由于两人对艺术的见解迥异，导致他们经常发生激烈的讨论。梵高曾抱怨说："高更和我就德拉克洛瓦、伦勃朗等人的作品谈了很多。我俩的讨论过度激烈，有时候我们说完之后都精疲力竭，就像耗完电的电池一样。"

《梵高的椅子》

1888 年
实际尺寸：92cm × 73cm
现藏于：英国伦敦　英国国家美术馆

这幅《梵高的椅子》中的蓝色和黄色既形成鲜明对比，又呈现出色彩的和谐。但是，椅子周围空无一人，传达出浓浓的悲凉情绪。

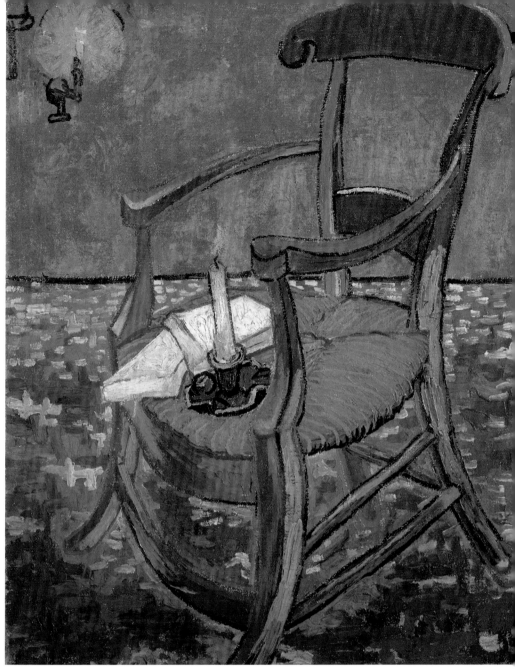

《高更的椅子》

1888 年
实际尺寸：90.5cm × 72.5cm
现藏于：荷兰阿姆斯特丹　梵高博物馆

《高更的椅子》和《梵高的椅子》形成了一对双联画，这幅画作用绿色作为主色调，搭配其互补色红色，产生了色彩上的强对比，再用发出幽幽光亮的蜡烛来渲染夜间氛围。而空椅子上的两本书则有着耐人寻味的隐喻，有人猜测这两本书是用来表达在梵高眼中，高更是一个学识渊博的人，也有人说书意味着巴黎的艺术界，并且暗示了高更的行踪。

到了1888年12月,高更和梵高之间的摩擦日渐升级,高更曾威胁梵高说要离开阿尔勒,这直接激化了梵高的情绪,他变得狂躁、焦虑。终于在12月23日这一天,梵高在黄房子中割掉了自己的左耳(一部分或者全部,不同来源说法不一)。梵高只是自己简单地包扎了一下伤口,把割下来的耳朵打包送给了他和高更都认识的一个当地妓女。对于割耳事件的具体经过已经无法考证,高更在15年后回忆起这件轰动一时的事件时,也只是语焉不详地说那天晚上充满了肢体暴力;而由于梵高的精神问题,他在事后也记不起事件的经过。

《割耳后的自画像》

1889年
实际尺寸:60cm×49cm
现藏于:英国伦敦 考陶尔德艺术学院画廊

此幅肖像画作于梵高"割耳事件"发生一个多月之后。此刻,梵高已找到了自我平衡。画面中高高向上斜的前额、强有力的鹰钩鼻子、三角形不对称的脸孔和那突出的颧骨、下陷的双颊,均给人留下极其深刻的印象。

《耳缠绷带、嘴衔烟斗的自画像》

1889 年
实际尺寸：51cm×45cm
现藏于：私人收藏

在梵高精神病发作的风波之后，他将自己描绘成处在一种平静的、顺从的状态。梵高经常写道，在压抑的时候衔着烟斗会让他感到安慰。画面的背景以靠得很近的两只眼为轴线，分为橙色和红色上下两色，因而也把画面和人物分成了上下两部分。在这条轴线下面的鲜红色背景和绿色上衣搭配在一起显得十分刺眼，其效果造成了一种独特的视觉矛盾；而画面上半部分的橙色背景和蓝色帽子同样产生了色彩的对比效果。这样的配色极具张力，能够轻易地抓取视线。

在"割耳事件"发生的第二天早上，梵高被警察送往医院，实习医生费利克斯·雷伊（Félix Rey）帮他重新处理了伤口，但并未把耳朵缝回去。听闻消息之后，提奥匆忙登上了南下的火车赶往阿尔勒。提奥在写给友人的信中说："我在阿尔勒的医院里找到了文森特。周围的人从他的焦躁情绪中体认到，他在过去的几天里出现了那最为可怕的疾病——疯病的症状，还伴有高烧。这让他神志不清地持刀自伤，最终被送进医院。他会就此变疯吗？医生认为有这个可能，但还不敢妄下结论。"

《阿尔勒医院的庭院》

1889 年
实际尺寸：73cm × 92cm
现藏于：私人收藏

梵高在住院期间以医院的花园为素材绘制了一些素描画和油画，这是其中的画作之一。梵高把画架放置在二楼阳台上进行作画，这里可以从俯视的角度看到医院所属的庭院。画面的构图中规中矩，花圃以及被放射状地块围绕的喷泉都清晰可见。从画面的内容和构图中我们可以感受到此时梵高的心境已经平复。

在医院，梵高要求见一下高更。但高更和负责此事的警察说："如果他要见我的话，就告诉他我已经回巴黎了。"随后高更便真的马上离开了阿尔勒。虽然到了 1890 年，梵高还曾提议要和高更一起在安特卫普建一个画室，但实际二人至此再未见面。梵高组建共同画室的梦想也彻底幻灭了。

1889 年 1 月，梵高康复，他返回黄房子重新拿起了画笔，但随后的几个月中仍然需要不时前往医院检查精神问题。

梵高在阿尔勒居住的 15 个月里，创作了约 200 幅油画、共 100 余幅素描画和水彩画，并写了 200 多封信。也许正是这繁重的工作状态，成为他精神问题的诱因。

《费利克斯·雷伊医生的肖像》

1889 年
实际尺寸：64cm × 53cm
现藏于：俄罗斯莫斯科　普希金国家美术博物馆

离开医院后，梵高很快重新拿起画笔，画下了这幅《费利克斯·雷伊医生的肖像》。对于能够顺利完成雷伊医生的肖像画，梵高感到非常惊喜，他说："我还没有完全失去作为画家的平衡感。"但是，雷伊和他的母亲却并不喜欢这幅画，甚至把画作丢到了鸡舍。

《摇篮曲（奥古斯丁·鲁林夫人）》

1888~1889 年

实际尺寸：93cm×74cm

现藏于：荷兰阿姆斯特丹　阿姆斯特丹市立博物馆

梵高画了 5 幅几乎相同的鲁林夫人的油画，画作受日本版画、珐琅彩瓷技术及欧洲彩色玻璃技术的启发，采用深色线条来分隔鲜艳的平面色彩。值得玩味的是这幅画作所具备的抽象性与装饰性，显然是受到了高更的影响，而画面背景中的唐草花纹，以及整幅画作色彩的对比感，则表现出梵高自己的喜好。

精神备受折磨的"悲剧天才"

1889 年 5 月，梵高决定离开阿尔勒，自愿去往 25 公里外的圣雷米精神病院接受治疗。做出这一决定的原因大致有二：其一是阿尔勒的一些市民害怕梵高反复无常的行为，在 3 月的时候就提出请当地警方将他带走的要求；其二是听闻弟弟提奥结婚的消息，梵高不想再让弟弟劳心，又自觉无力照顾自己，因此做出此决定。

当梵高来到这个缓慢、有秩序的世界中时，他反而觉得这是个很好的决定。他写信向弟弟提奥描述了这里干净、明亮的环境。他说："我有一个小房间，墙纸是灰绿色的，两幅海绿色的窗帘上有浅色的玫瑰图案。"显然，梵高仿佛将这里当成了自己的另外一个新家。这一时期，梵高将重拾的宁静在他的绘画中进行了表达。

由于这个精神病院还有 30 个空房间，因此在梵高抵达精神病院后的几天内，他就被获准使用一个大房间来作为工作室。

1889 年
实际尺寸：61.5cm×47cm
现藏于：荷兰阿姆斯特丹
梵高博物馆

《精神病院的前庭》

1889 年
实际尺寸：62cm×47.5cm
现藏于：荷兰阿姆斯特丹
梵高博物馆

《工作室中的窗》

《精神病院的走廊》

1889 年
实际尺寸：61.5cm × 47.5cm
现藏于：美国纽约　大都会艺术博物馆

梵高画中的圣雷米精神病院，明亮的黄色仿佛是梵高看到的希望，但同时也表现出一个追求真理、渴望生活的痛苦灵魂。

工作室的位置靠近大门，这使得梵高去往花园很方便，同时便于他在阳光和风中把画晾干。而花园中杂乱的地面、蜿蜒的道路、盛放的鸢尾花都成为梵高此时描绘的对象。梵高越是着眼于"未经修饰的自然"中的景色，其想象力和创作灵感就越令人惊喜。

鸢尾花的花叶绿中偏蓝，与花朵的色彩形成呼应。

画面被一片蓝色占去了大半，浅如海蓝，深似墨团，像是梵高难以揣度的愁楚的凝结。

《鸢尾花》

1889 年
实际尺寸：71cm×93cm
现藏于：美国洛杉矶
　　　　保罗·盖蒂博物馆

本幅画作是梵高来到圣雷米精神病院之后最早完成的作品之一，很难得地体现出他冷静的一面，带给人一种绚烂之极、归于平淡的美，虽色彩清冷却莫名给人以宁静的安心感。在构图上，鸢尾花的整体造型"内倾"，与左上角的一簇簇野菊呼应。野菊中的赭红色与土壤的色系相接。在野菊与蓝色鸢尾花的相接处，一朵白色的鸢尾花正对前方，成为画面的亮点。

梵高把这幅画寄给了他的弟弟提奥，提奥立即将它寄到了1889年的独立沙龙，并在那里展出了这幅画，受到了人们的高度赞扬。

由于医院工作人员的密切看护，以及色彩带来的镇定作用，到了 6 月初，梵高被获准可以走出精神病院，去往外面的世界寻找作画素材。梵高在山谷中散步，这使得他能以另外一种视角去探索这个世界，从而找到理想的创作主题：丝柏树。这个山谷中到处都是丝柏树，梵高一看到它们，就被其线条和比例所吸引，并将其比作埃及的方尖塔。

《两棵丝柏树》

1889 年
实际尺寸：93.5cm × 74cm
现藏于：美国纽约 大都会艺术博物馆

画面中巨柱似的丝柏树，枝丫攒拥，拔地而起，直上云霄。梵高运用层层堆叠的笔触描绘风景中的丝柏树，这些丝柏树好似团团巨大的火舌，让我们再一次窥见梵高波诡云谲的内心世界。

《橄榄树林》

1889 年
实际尺寸：72cm × 92cm
现藏于：荷兰奥特洛　克勒勒·米勒博物馆

梵高通过橄榄树苍老和扭曲的外形来
表达其内在的力量，也令人窥见了梵
高充满激情的内心。

但是由于医院的限制，梵高只能在白天外出活动，以至于他无法站在星空下，画下晚上的景色。为了描绘星夜，梵高只能等到医院熄灯之后，隔着卧室的窗户栏杆去观察天色渐暗、群星闪烁的时刻。梵高长时间凝视着每一道闪亮的光线，以及周围若隐若现的黑暗，并将其和白天看到的村庄、丝柏树等元素在脑海中进行想象融合。他用自己的理解、思考，创作出了超越现实的夜空。

《星空》

1889 年
实际尺寸：73cm×92cm
现藏于：美国纽约　现代艺术博物馆

在《星空》这幅著名的油画中，梵高通过个性化的笔触，塑造出高度夸张变形与充满强烈震撼力的星空景象。这幅画作的抽象风格明显，又带有后现代主义画风，最鲜明的就是不同色彩之间的强烈对比，产生了一种奇妙的碰撞。梵高用长短笔触表现出天空的云是流动、旋转的，星星、月亮在闪耀着光芒；用短促的斜线笔触描绘出远山、房屋；用火焰般的曲线笔触表现出近处的丝柏树，从而塑造出星空的活跃感和运动感，更真实地表达了梵高躁动不安的情感。

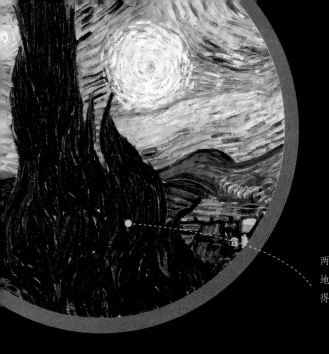

两株直插云霄的丝柏树像是梵高自己，站在最前方孤独地眺望熟睡的村庄和激烈的夜空。相比村庄，丝柏树显得躁动不安，浓烈的黑与亮眼的黄形成鲜明对比。

村庄的整体设色低调，笔触平和，略显宁静，像是已经在山峦的怀抱中沉睡。

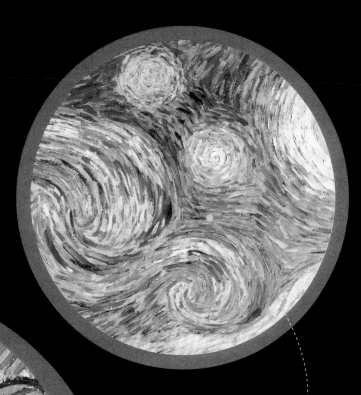

天空是画面的主角，怪诞的螺旋状线条，令观者不禁随之眩晕。而这犹如洪流般的短笔触，每一笔都是梵高的心声：曲折、坎坷、忧伤和抑郁。

不幸的是，当梵高创作完《星空》这一伟大的作品之后，他又陷入了疯癫的状态。他的病情反复无常，时常让他丧失能力或濒于自杀。1889 年的 7 月到 8 月间，是梵高生命的至暗时刻。直到 9 月中旬，虽然梵高的精神状态依然脆弱，但他还是拿起画笔，创作了两幅他最伟大的自画像。

《没有胡子的自画像》

1889 年
实际尺寸：65cm×54cm
现藏于：私人收藏

这幅自画像常被认为是梵高生前的最后一幅自画像。梵高画下这幅画作，想在母亲 70 岁生日时送给她，尽管梵高与母亲不常联系，但他对母亲仍怀有温暖的记忆。为了令母亲对他的健康放心，所以在这幅画中，梵高比以往显得健康、年轻、整洁许多，没有胡子使这件作品显得更加独特，然而这并无法掩饰其眼底的绝望。

《艺术家的自画像》

1889 年
实际尺寸：65cm×54.5cm
现藏于：法国巴黎　奥赛博物馆

在这幅半身像中，梵高以微侧的正面形式出现，背景是由几种蓝色以及水纹状的连续线条混合成的漩涡，而梵高身着的外套色彩几乎和背景相同，这些细节与他紧张的面部表情和呆滞的目光形成强烈对比。除了蓝色，画面中较多出现的颜色是头发和胡须中的橘褐色，在冰冷的蓝色中显露出一丝温度。

在圣雷米精神病院这一时期，尽管梵高的病情发作飘忽不定，但他的画作却十分多产，一年的时间内，梵高完成了大约150幅油画的创作。除了他擅长和喜爱的肖像画以及风景画外，梵高再次临摹了他喜爱的艺术家的一些作品。梵高相信，他正在用油彩进行"翻译"，而不是只做精确的副本。

《午睡》

1866 年
让–弗朗索瓦·米勒
实际尺寸：29.5cm×42cm
现藏于：美国波士顿 波士顿美术博物馆

《午睡（临摹米勒）》

1889 年
实际尺寸：73cm×91cm
现藏于：法国巴黎 奥赛博物馆

这幅《午睡》是梵高临摹米勒的作品，但与米勒的原作相比，梵高在临摹画作时，选择了更加绚烂的颜色。他采用了形成强烈对比的色彩，使画面中呈现出冷暖色调的对比效果。在这幅画作中，黄色的运用给人一种温暖感和活力感。

奥维尔麦田中形单影只的"守望人"

　　1890 年 5 月，正是梵高在圣雷米精神病院居住了一年之际，他选择了再次离开。这一次他来到巴黎北部村庄瓦兹河畔的奥维尔镇，接受保罗·加谢（Paul Gachet）医生的医治。奥维尔镇有着梵高向往的平静和安宁，离巴黎也很近，方便去探望弟弟提奥。梵高很快和加谢医生成了朋友。因为加谢医生同时还是一位充满热情的业余艺术家，平日里也会画一些画，对艺术有着自己特有的见解。

《保罗·加谢医生》

1890 年
实际尺寸：66cm × 57cm
现藏于：私人收藏

在这幅画作中，加谢医生身体消瘦，面容憔悴，身体的走势沿对角线呈倾斜姿势，从画布左上角至右下角贯穿整个画面，并以此为分界线来构筑画面的色彩，人物和背景均为偏暗的蓝色系，加之加谢医生深思的表情，使整幅画作呈现出一种忧郁情思。画面左下方的红桌在深蓝色的画面中有些突兀，但却加强了画面对比。

《弹钢琴的玛格丽特·加谢》

1890 年
实际尺寸：102.5cm×50cm
现藏于：瑞士巴塞尔　巴塞尔艺术博物馆

在这幅画作中，梵高的笔触像是画面中弹
钢琴的女子弹奏出的音符，高低起伏，婉
转流畅。梵高用厚涂技法描绘女子飘逸的
长裙，绿色壁纸上的橙色斑点传达了梵高
对点彩派的持续迷恋。另外，在日本版画
的启发下，梵高用轮廓线勾勒、突出钢琴、
凳子和蜡烛的形状。同时，这幅画作是梵
高所有油画中最大的一幅，有三个梵高自
画像那么大。

　　加谢医生建议梵高全身心地投入到对艺术的追求中。梵高也完全照做了，他近乎狂热地画着奥维尔镇以及周边的花园和麦田。梵高认为这些"混乱天空下的麦田"代表着"悲哀与极度的孤独"。在这一时期，梵高几乎废寝忘食，每天创作一幅作品，健康状况似乎也有所好转。

《奥维尔的葡萄园》

1890 年
实际尺寸：65cm×80.5cm
现藏于：美国圣路易斯　圣路易斯艺术博物馆

梵高运用扭曲形式的笔触来完成葡萄藤的特写镜头，再用画面左侧的红色罂粟花来丰富画面内容，增加动感。远处的红色屋顶则与花朵形成色彩呼应，起到稳定画面的作用。

梵高曾于绘画生涯初期描绘过纽南的教堂和墓地，在这幅画中，他重拾旧时的绘画主题，但风格已经发生变化。教堂画得有些扭曲，让人感到一丝恐惧与不安。两条洒满阳光的小径将教堂紧紧包围，画面的色彩从上到下，由冷峻到温暖，由不安到希望，给人带来强烈的视觉感染。

《奥维尔的教堂》

1890 年
实际尺寸：93cm×74.5cm
现藏于：法国巴黎　奥赛博物馆

　　1890 年 7 月 27 日，一声枪响打破了原本趋于平静的生活。这一天，梵高像往常一样完成了早上的写生后，回到拉乌酒店吃午饭。用餐完毕，又背上画架重新出去创作，这种生活状态已经维持了数周之久。谁也不知道，下午的几个小时内发生了什么。傍晚时分，梵高跌跌撞撞返回酒店，回到自己位于阁楼的房间内。直到房东听到了房间内的呻吟声，打开房门发现梵高躺在床上，身体因为痛苦而蜷缩成一团。梵高掀开衬衫，给房东看了自己肋骨下的弹孔，说："我弄伤了自己。"提奥听闻消息，匆忙从巴黎赶来，陪伴在梵高的身旁，直到两天后梵高因伤势过重而辞世长眠。

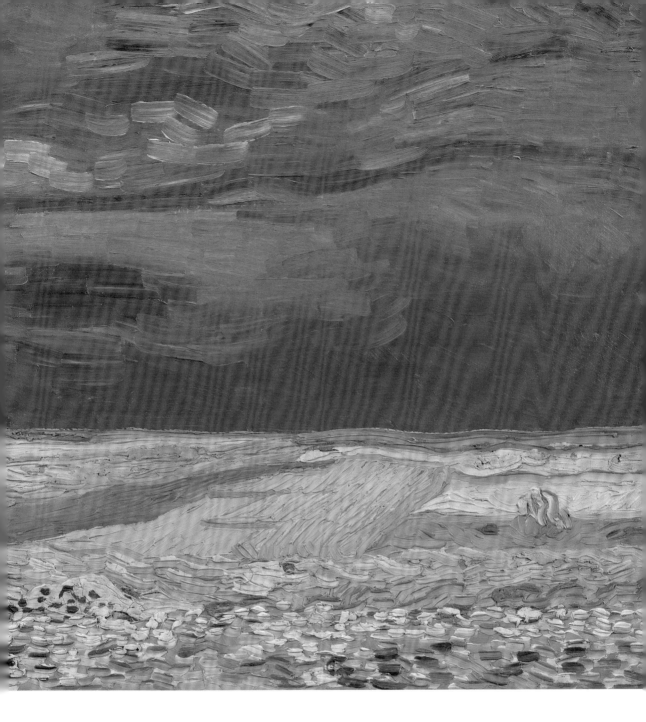

《乌云密布的天空下的麦田》

1890 年
实际尺寸：50.5cm×101.5cm
现藏于：荷兰阿姆斯特丹 梵高博物馆

这幅画作的构图十分简单，只有两个水平面——天空和麦田。梵高意在展示广阔的风景，也试图表达"悲伤，极度孤独"，同时又不乏置身大自然中的积极情绪。梵高笔下的自然景观极具感染力，看画的人就像游客一样，要看的并不是田间实实在在的劳动者身上的汗水和污垢，而是梵高真正的内心世界。

至此，梵高痛苦的一生终于结束了。1890 年 7 月 30 日，梵高被埋葬在奥维尔，其留下了巨大的艺术遗产：超过 850 幅油画作品和约 300 件纸上作品。

37 岁的梵高，在痛苦与孤独中饮弹自尽，他生前遭遇了无数人的厌弃与不理解，但他却用充满生命力的绚烂色彩，企图拥抱这个世界的温暖，就像他一生都在追逐有阳光的地方。他说："每个人的心里都有一团火，路过的人只能看到烟。但是总有一个人，总有那么一个人，能看到这火。"一百多年后的今天，相信每一位站在梵高画作前的人，都能被这团火点燃，企图走进梵高带给我们的色彩世界。

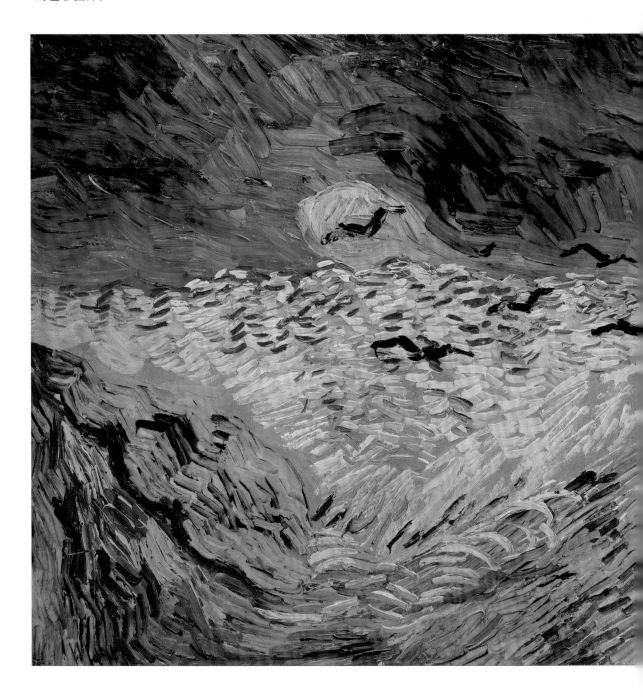

《麦田鸦群》

1890 年
实际尺寸：50.5cm×103cm
现藏于：荷兰阿姆斯特丹 梵高博物馆

《麦田鸦群》是梵高最后的几幅作品之一。画面中的蓝黑色天空，乌云密布，笼罩在金色的麦田之上，压抑感油然而生。麦田几乎占据了整幅画面三分之二的面积，这是生命的象征，仿佛是梵高在与黑暗的压抑做拼死的抗争。迎面飞来的成群乌鸦使看画人不禁颤抖，整个画面的压抑情绪已经到了崩溃的边缘。梵高通过强对比等手段，提高了黄色的鲜艳度，扩大了黄色的范围，使黄色成为画面的中心，低飞的乌鸦与鲜亮的黄色形成对比，表达出梵高内心的苦闷和对人生的思考。

当今社会的超级"带货王"

梵高在世时备受孤独、疾病的折磨，他的一生充满了失意与贫困。即使在 19 世纪 80 年代末，梵高的作品首次展出之后，他逐渐在艺术家圈子里有了些名气，但仍没有得到大众真正的注意。在梵高去世六周之后，提奥曾为他举办过一场具有纪念意义的展览，在当时也并未掀起什么波澜。提奥去世后，他的遗孀曾以多种方式尝试提升梵高画作的知名度，包括向世界各地的博物馆出借等。此后，越来越多的买家对梵高的作品兴趣大涨。甚全影响到了亨利·马蒂斯（Henri Matisse）、安德烈·德朗（Andre Derain）和莫里斯·德·弗拉芒克（Maurice de Vlaminck）等人，一定程度上促成了野兽派的诞生。此外，欧洲各国争相为梵高建造了规模宏大的美术馆，梵高的画作最终走上人类世界的艺术顶峰。其作品现在已经跻身世界上最昂贵的画作之中，多幅画作拍出 1 亿美金以上的高价。生前从未得到过认可的梵高，去世后却永远活在了世人的视线之中。

手机壳中的《向日葵》

《十二朵向日葵》

1888 年
实际尺寸：91cm×72cm
现藏于：德国慕尼黑 新绘画陈列馆

黄色的花束像燃烧的火球，栩栩如生。花瓣如摇曳的火星，仿佛能烧进人们的心里。画里的向日葵在梵高的笔下仿佛有了生命，有了呼吸，它不再是一朵花，而是梵高的热情所在，也是梵高如火的灵魂。这种高纯度色彩所带来的强烈视觉冲击力，令画面具有了一种极致的灿烂效果。但是蓝色背景的运用，则令画面冷静了许多，给人带来一丝喘息的余地。

衣裙中的《野玫瑰》

尼采曾说："有些人要到死后才真正出生。"这句话用在梵高身上再贴切不过。纵观梵高的一生，他是一个敏感的天才，也是一位严格的自我审视者；他是一个具有旺盛创造力的艺术家，同时也是一位极端的疯狂者。

梵高虽已离去一个多世纪，却也影响着我们整整一个多世纪。如今，不仅梵高的画作令多数人争相前往博物馆进行赏鉴，他的画作也出现在我们生活中的方方面面，手机壳上盛放的向日葵、裙角中飞扬的玫瑰、笔记本封面上绚烂的杏花……无不让人感受到美好与蓬勃的生命力。不仅是现在，可能在未来的很长时间内，梵高那渴望活着、期盼得到认可的精神仍然深深地影响着我们。

《野玫瑰》

1889 年
实际尺寸：24.5cm × 33.5cm
现藏于：荷兰阿姆斯特丹　梵高博物馆

尽管这张《野玫瑰》看起来令人感觉愉快和平静，但梵高在创作时正遭受着严重的精神折磨。画面中的玫瑰采用自然主义的方式绘制，色彩明亮，层次分明，点缀在草丛之间。深暗的绿色叶子占据了画面的大幅面积，与画面上方的浅绿色既有色彩的统一，又有色调的对比，画面层次十分丰富。

《玫瑰》

1890 年
实际尺寸：71cm × 90cm
现藏于：美国华盛顿　美国国家美术馆

除了向日葵、鸢尾花外，玫瑰也是梵
高喜欢绘制的花卉。在这幅作品中，
梵高运用了深浅不一的绿色作为画面
的主色调，给人带来了清新之感。玫
瑰中的浅蓝色、浅粉色和白色均十分
柔和，让人难得地在梵高的作品中感
受到静谧。

帆布包上的《玫瑰》

有时我们会思考，梵高的画作为什么令人感动？为什么会拍出天价？不可否认，梵高的艺术造诣的确高超，也有业内人士曾经分析说："梵高几乎95%的作品都进了博物馆，能够流通买卖的作品实在太少。但更重要的是，梵高几乎每张作品都能和他的活动有所对照，找出故事。"罗曼·罗兰曾说："世上只有一种英雄主义，就是在认清生活真相之后，依旧热爱生活。"而梵高就是这样的人，他将自己的痛苦转化为对生活的描绘，也令世间所有孤独的生命因他的存在而有所慰藉。

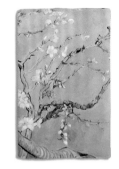

笔记本中的《盛开的杏花》

《盛开的杏花》

1890 年
实际尺寸：73.5cm×92cm
现藏于：荷兰阿姆斯特丹 梵高博物馆

《盛开的杏花》是梵高为他新出生的侄子（弟弟提奥与弟媳乔的孩子）绘制的贺礼。对于梵高来说，开花的树具有特殊的意义，它们代表着觉醒和希望。他十分喜欢这些开花的树，并且能够在绘制它们的过程中找到乐趣。从画作的笔触来看，该作品显然受到印象派、点彩派及日本版画的影响。

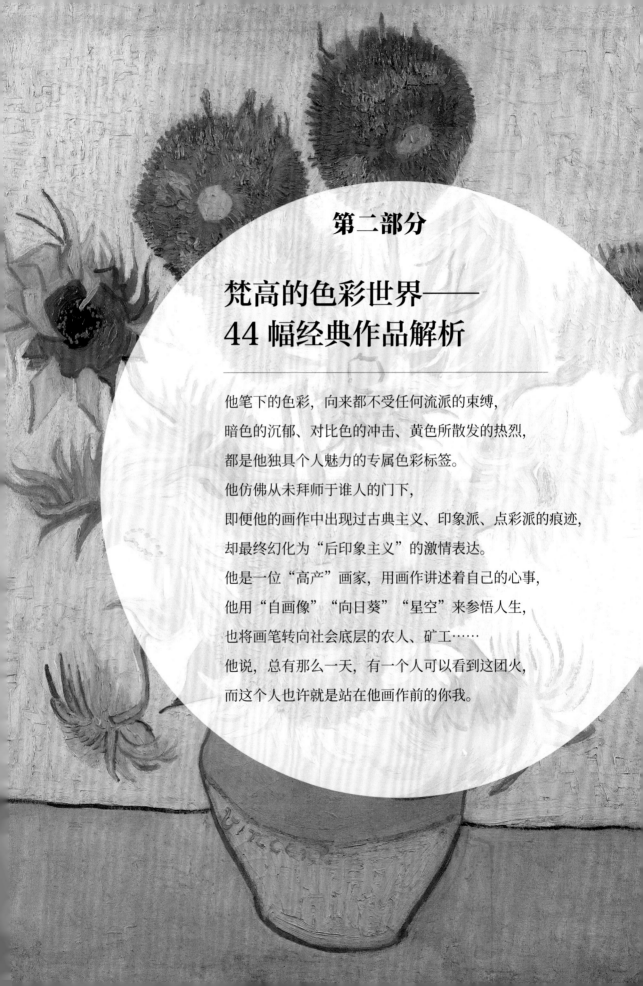

第二部分

梵高的色彩世界——
44 幅经典作品解析

他笔下的色彩，向来都不受任何流派的束缚，

暗色的沉郁、对比色的冲击、黄色所散发的热烈，

都是他独具个人魅力的专属色彩标签。

他仿佛从未拜师于谁人的门下，

即便他的画作中出现过古典主义、印象派、点彩派的痕迹，

却最终幻化为"后印象主义"的激情表达。

他是一位"高产"画家，用画作讲述着自己的心事，

他用"自画像""向日葵""星空"来参悟人生，

也将画笔转向社会底层的农人、矿工……

他说，总有那么一天，有一个人可以看到这团火，

而这个人也许就是站在他画作前的你我。

《蒙马特的蔬菜园》

  这是梵高非常稀少的大幅尺寸作品，体现出当时梵高依然受古典主义画派大尺寸的影响，也体现出这个时期的梵高不是那么的拮据。

  这幅作品中高低起伏的粉嫩菜园让人心情愉快，而这正是蒙马特的地貌特色。从画中的视角可以看出梵高是在较高的坡地上作画，他可以将这里的景色一览无余。宽阔的地平线，天空与大地的比例，带给人一种全景尽收眼底的震撼美。梵高用细而小的笔触捕捉着光照下花与草的活力，成对的彩点排列规律，营造了茂密而氛围浓厚的花草空间。一块块整齐而多彩的园子内外，有红色的房屋分布在绿色的树木旁，又夹杂在明黄色与土黄色的灌木丛中，与摇曳着暗红色与玫红色的花朵，层层叠叠。下坡的土路被梵高律动出新的力量，笔触好像洪水一样湍急奔流，在随风的生机中不停向前，奔向希望。

1887 年

实际尺寸：96cm × 120cm

现藏于：荷兰阿姆斯特丹　阿姆斯特丹市立博物馆

《蒙马特的蔬菜园》

《铃鼓咖啡馆中的
阿格斯蒂娜·塞加托里》

画中的女主人公阿格斯蒂娜·塞加托里（Agostina Segatori）是铃鼓咖啡馆的女主人，这个咖啡馆是当时包括梵高在内的一些巴黎艺术家经常聚集的场所，梵高本人曾在这座咖啡馆里展出过他的日式风格作品。据说塞加托里还曾和梵高有过一段恋情，但没持续多久就因双方不断争吵而结束。

在画作中，店内的墙壁上装饰着梵高所喜爱的日本版画，塞加托里坐在一张形状像铃鼓的桌子前，其忧郁的眼神和苍白的肤色与她身上异域风情的装束形成鲜明对比。此外，梵高运用细微的笔触与色彩并置的手法来表现画面内容，画面中对亮色的运用则标志着梵高已经从早期的画风中走出。

《铃鼓咖啡馆中的阿格斯蒂娜·塞加托里》

1887 年
实际尺寸：55.5cm x 46.5cm
现藏于：荷兰阿姆斯特丹 梵高博物馆

《一堆法国小说》

这幅静物画是梵高对现代法国文学的颂歌，画作中的书籍虽然看不到名字，但被猜测为是现代法国文学的平装书。因为梵高是埃米尔·左拉（Émile Zola）和龚古尔兄弟（哥哥埃德蒙·德·龚古尔 Edmond de Goncourt；弟弟茹尔·德·龚古尔 Jules de Goncourt）等小说家的崇拜者。

画面中的书籍被随意地堆放，高低错落的形态极具生活化的特征。前景中一本打开的书籍仿佛邀请人们前来阅读。而这些静物书籍也可以看作是梵高的虚拟自画像，梵高希望人们阅读他，从而走进他的内心世界。

《一堆法国小说》

1887 年
实际尺寸：55.5cm×73.5cm
现藏于：荷兰阿姆斯特丹 梵高博物馆

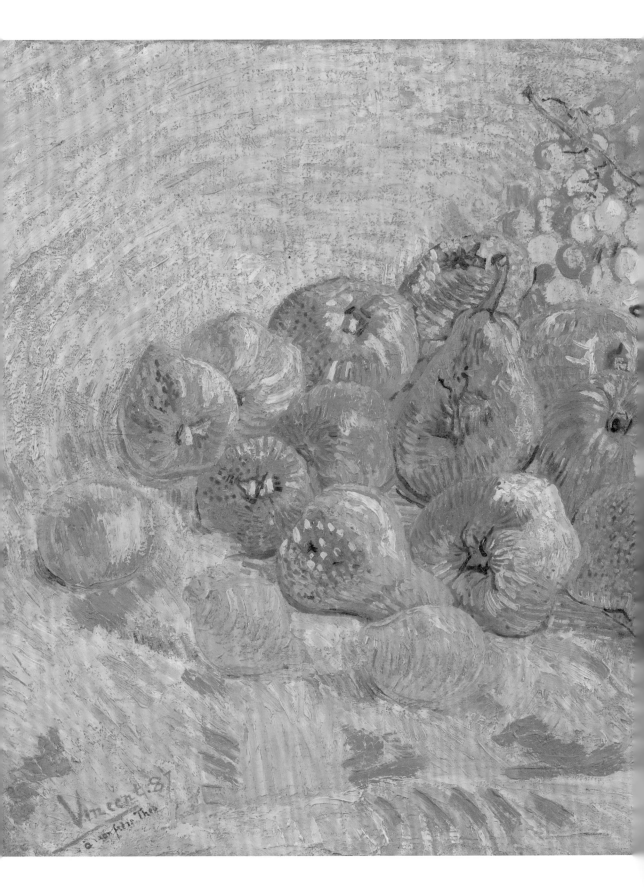

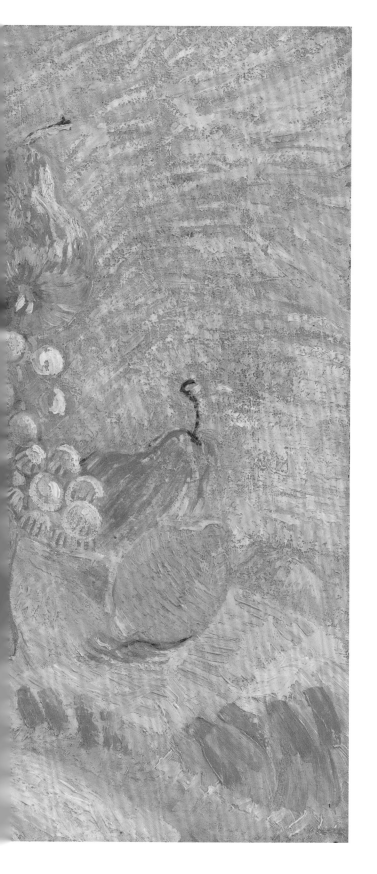

《榲桲、柠檬、梨子和葡萄》

在这幅静物画中，梵高用近景特写的方式来创作取景构图极为紧凑的画面内容。水果几乎占据了整个画布，也几乎和画面背景融为一体，给观看者带来一种别样的视觉体验。

为了赋予水果以明艳、生动之感，梵高采用了不同色调的黄色来进行刻画，但是在深浅不一的黄色调中，用几笔绿色、蓝色、红色等色彩来强调出阴影部分，使画面具有了层次感，也形成了一片涌动的色彩海洋。

《榲桲、柠檬、梨子和葡萄》

1887 年

实际尺寸：48cm×65cm

现藏于：荷兰阿姆斯特丹　梵高博物馆

《唐吉老爹的肖像》

这幅画作中的主人公是朱利安·弗朗索瓦·唐吉（Julien Francois Tanguy），其常被人亲切地称为"唐吉老爹"。唐吉老爹是当时蒙马特的小画具商，他的性格亲切、温和，对于当时未成名的画家时加关照，因此他的店铺时常成为印象派画家停留的地方。另外，唐吉老爹对梵高的画作喜爱有加，因此常常邀请他，并在店里展出梵高的作品。而梵高在给提奥的信里曾说："如果我能活到足够老，我将会和唐吉老爹一样。"这句话表明了梵高对此人的尊重之情。

梵高绘制了不止一幅唐吉老爹的肖像画，其中这幅画的构图较有统一感，与浮世绘的柔和调子和下端的装饰图案非常和谐。此外，画面的背景中出现了日本装饰版画，展现了梵高和唐吉老爹共同的爱好，因此这幅肖像画代表了东西方意向的原始融合。据说唐吉老爹终生珍藏这幅作品，直到他去世。

《唐吉老爹的肖像》

1887 年
实际尺寸：92cm×75cm
现藏于：法国巴黎 罗丹美术馆

梵高将对浮世
绘的喜爱融入
在画中，将自己
临摹的日本浮世
绘布置成肖像画的
背景。如唐吉老爹头
顶是葛饰北斋的《赤富
士》，左上是歌川广重的《飞
鸟山暮雪》，右上为歌川广重的"名
所江户百景"之一，左中为歌川广重
《歌舞伎演员》，右下为溪斋英泉的《身
穿云龙打掛的花魁》。

唐吉老爹普鲁士蓝色的双眼，鲜红的嘴
唇，在白色的皮肤和灰白色的胡子间显
得格外突出，微微上扬的嘴唇流露出唐
吉老爹的慈祥、善良。

梵高用浑厚的笔触描画出唐吉老爹双
手交叉的姿态，生动、形象，这是传
统肖像画的经典姿势。

《意大利女人》

　　画面中的塞加托里身着鲜艳的衣裙端坐在椅子上。在这里，梵高使用了红色与绿色，蓝色与橙黄色等对比色，强烈的色彩对比增强了画面的视觉效果。而背景中大面积充满激情的黄色，仿佛代表着梵高的炙热感情。

　　此外，在这幅画作中，可以看到日本版画对梵高的影响。画面仅使用单线条来勾勒出具有装饰风格的轮廓线，同时舍弃了阴影和透视，呈现出二维的空间感。

《意大利女人》

1887 年
实际尺寸：81cm×60cm
现藏于：法国巴黎　奥赛博物馆

《盛开的桃树（纪念莫夫）》

　　这幅画作是梵高为了纪念莫夫而绘制的。在给提奥的信中，梵高讲述了有关这幅画的由来："我把画架摆在果园里，在室外光线下画了一幅油画——淡紫色的耕地，一道芦苇篱笆，两株玫瑰红色的桃树，衬着一片明快的蓝色与白色相间的天空。这大概是我所画得最好的一幅风景画。我刚把画带回来，就接到姐姐寄来的追悼莫夫的通知。一种什么东西（我不知道是什么）把我抓住了，堵住了我的喉咙，我在画上写上'纪念莫夫，文森特与提奥'。"

　　在这幅画作中，梵高利用肆意、大胆的手法挥洒着色彩，为人们呈现出一派浓郁的春天景象。画面中的桃树向阳生长，追求着太阳的温度，似乎可以感受到梵高对大自然中顽强生命力的敬畏。

《盛开的桃树（纪念莫夫）》

1888 年

实际尺寸：73cm×60cm

现藏于：荷兰奥特洛　克勒勒·米勒博物馆

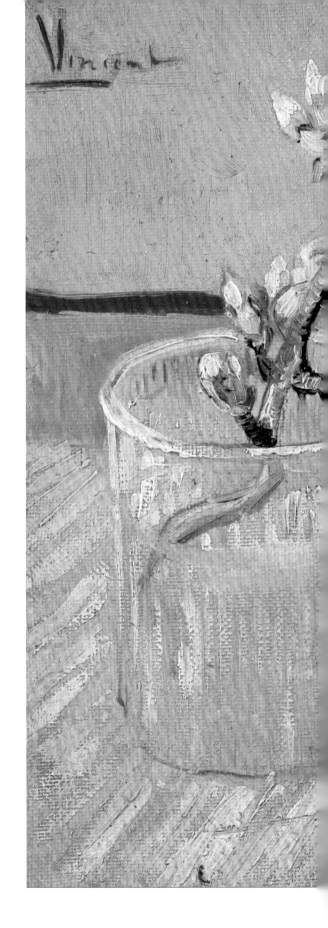

玻璃杯中盛开的扁桃树枝

绘制这两幅画作时，梵高刚刚来到阿尔勒，还在适应着这里的严寒。梵高给弟弟提奥写信说："现在这里天气如此寒冷，郊野还下着雪……我研究了以城镇为背景的白色景观，然后完成了两幅小的扁桃树枝的习作。"这两幅习作正是《玻璃杯中盛开的扁桃树枝》和《玻璃杯中盛开的扁桃树枝和一本书》。

在《玻璃杯中盛开的扁桃树枝》这幅画作中，枝头冒出新苞的扁桃树枝被插在透明的玻璃杯中，弯曲的枝丫带来了曲线美。梵高使用简单的笔触来勾勒这幅画，却反映出笔法的精湛与稳健。另外，画面的背景中出现的一条红线十分引人注目，梵高还用同样的色彩为这幅小作进行了签名。

另一幅习作《玻璃杯中盛开的扁桃树枝和一本书》和《玻璃杯中盛开的扁桃树枝》的构图极为相似，仅在玻璃花瓶后面多加了一本书。

《玻璃杯中盛开的扁桃树枝》

1888 年
实际尺寸：24.5cm × 19.5cm
现藏于：荷兰阿姆斯特丹　梵高博物馆

《玻璃杯中盛开的扁桃树枝和一本书》

1888 年
实际尺寸：24.5cm × 19.5cm
现藏于：私人收藏

《盛开的梨树》

在定居阿尔勒两个月后，春天终于来临，梵高痴迷于繁花似锦的景象，犹如着了魔般，开始描绘花朵盛开的果树。在此时期，他创作了一系列相关的绘画作品。

在这幅作品中，梵高抹去了画面的纵向景深，转而以鸟瞰视角来表现画作主题，枝干分明的梨树矗立在前景中，高处是院外的风景，这种画法也是梵高对其喜爱至极的日本版画的致敬。

画面中的土地由灰蓝色和黄色的笔触交织而成，与颜色鲜艳的背景形成对比。事实上，梵高在信件中提到，他曾用紫色来描绘梨树的枝干和地面，但却令画作失去了色彩强度。因为，紫色背景会令其中的色彩失去表现力。此外，梵高考虑到随着时间流逝，画作中的颜料会逐渐失去光泽，变得暗淡。因此，在这幅画作中，他在红色中掺入了曙红色，这种用色方式可以在梵高的许多作品中看到。

《盛开的梨树》

1888 年
实际尺寸：73.6cm×46.3cm
现藏于：荷兰阿姆斯特丹　梵高博物馆

《朗格鲁瓦吊桥与打伞女士》

　　朗格鲁瓦吊桥位于阿尔勒小镇以南 3 公里处，梵高曾对着这个吊桥创作了五幅作品，包括素描画、油画和水彩画。令人遗憾的是，这座吊桥于 1935 年被拆毁，直到 1962 年，人们按原样进行了重建。

　　在这幅画面中，浸透着一股优雅的诗意。辽阔的天空明净如洗，蓝色的河水穿桥而过，这两个元素占据了画面的绝大部分。朗格鲁瓦吊桥横卧于河面上，以其柔和、变化的形态赋予了画面美感，而两棵丝柏树则像哨兵一样耸立在桥畔。画面中的人物寥寥可数，没有太多的张力和交错的形体，仅是作为画面的点缀。

　　在色彩上，梵高虽然采用了橙蓝互补色作为主要配色，但由于蓝色和橙色中加入了大量的灰色调，使画面呈现出一片宁静的氛围。

《朗格鲁瓦吊桥与打伞女士》

1888 年

实际尺寸：49.5cm×64cm

现藏于：德国科隆　瓦尔拉夫·理查尔茨博物馆

《朗格鲁瓦吊桥下的洗衣妇》

这是又一幅描绘朗格鲁瓦吊桥的杰作。在这幅画作中，天空和河水都是蓝色的，金色的吊桥横跨在河的两岸，吊桥在河水里映出的倒影也是蓝色的。一群洗衣妇搅乱了河水的平静，她们在碧蓝的河水边一边唱着歌，一边浣洗衣衫。一辆双轮马车从吊桥上路过，车夫探出头来张望。整幅画面的色彩明亮，极具感染力；画面的故事性则异常生动，令人感觉仿佛就是自己身边上演的场景。

《朗格鲁瓦吊桥下的洗衣妇》

1888 年
实际尺寸：54cm×65cm
现藏于：荷兰奥特洛　克勒勒·米勒博物馆

《阿尔勒附近的罂粟花田》

整幅画面采用了对称的上下构图，展现了一种逼真的视角。画面中的红色花朵仿佛是这片田野的起点，经过层层的青绿色田野，在遥远的地平线与天空相融。蓝色的天空用短促的笔触堆叠出风的气息，从深蓝色向白色渐变，云朵在晴朗的天空中凝结，带来令人心旷神怡的感受。几栋白墙红顶的房屋出现在画面中，表达出梵高对美好生活的向往，同时也映衬着这片田野的宁静。

《阿尔勒附近的罂粟花田》

1888 年

实际尺寸：24cm×35cm

现藏于：荷兰阿姆斯特丹　梵高博物馆

《阿尔勒附近的鸢尾花田》

梵高曾说："眼前，这痛苦有时如此弥漫，布满整个地平线，以至酿成绝望的大洪水。我们最好去看麦田，即便是画中的麦田也行。"可见梵高对麦田的钟情。

在这幅画作中，梵高不仅描绘了灿烂的麦田，前景中的鸢尾花也特别引人注目，而这是梵高第一次画鸢尾花。画面近景中的鸢尾花、麦田，远景里的树木和城堡，共同构造出清透、明亮的画面以及欢快的色彩效果，令观赏者仿佛能够感受到梵高想象中的那个充满美好幻想的乌托邦。

2015 年，梵高博物馆曾将该画作中旧的泛黄清漆层去掉，进行了修复，所以如今这幅画看起来鲜艳而真实。

《阿尔勒附近的鸢尾花田》

1888 年
实际尺寸：54cm×65cm
现藏于：荷兰阿姆斯特丹 梵高博物馆

一对男女正在散步，女子弯下腰，也许是要摘些花……梵高的作品中经常出现这种人形很小的情侣，为画面增添一种人间浪漫。

《暴风雨下的风景》

在这幅作品中，梵高用宽大的笔触表现出乌云的浑厚与粗犷，翻滚向前的态势非常具有视觉冲击力。天空中的褐色与蓝色用于表现暴风雨来临前的浓重气氛，波折的线条藏在弯曲的轮廓中，仿佛酝酿着一股巨大的力量。与之形成对比的是一片岁月静好的田野，这里充满了春天的绿意。梵高用潇洒的长笔触从前景铺向远方，深浅绿色相互叠加，营造出繁茂与幽深的气息。厚重点笔触的橙色与黄色花朵，像金子一样被洒在了绿色之上，形成一种凸起的轻盈层次，使整片花田更加写意、动感。

这是梵高风雨重彩的作品，充满了美感与情绪，整幅作品呈现出冰火两重天的场面。此外，这幅画作价值不菲，纽约苏富比2015年以5400.1万美元成交。

1888 年
实际尺寸：60.5cm×73.7cm
现藏于：私人收藏

《暴风雨下的风景》

《收　获》

在这幅画作中，远山与近处的房子、篱笆同样清晰可见，具有清晰的轮廓线。梵高利用此种画法使画面获得了一种强烈的平面构成感，使画面形象更简单，易于辨识。

此外，在这幅画作中，梵高再次显示了色彩搭配的和谐——前景呈赭石色和橘黄色，中景穿插着几簇绿色的矮树丛和一片金黄色的田野，远处露出青山蓝天。黄色的田野中，蓝色的手推车和红色的铧式犁格外醒目。

据说，梵高为创作这幅油画，共画了四张习作，它们的构图大致相似，手推车始终位于画面中央。为了使作品产生纵深感，给人以从高视点远望景色的印象，梵高令天空只占了画幅的六分之一。

《收获》

1888 年
实际尺寸：73cm×92cm
现藏于：荷兰阿姆斯特丹　梵高博物馆

《圣玛丽海滩上的渔船》

1888 年 5 月末至 6 月初，梵高来到距阿尔勒 50 公里外的圣玛丽，这里是地中海边的渔村。梵高随身携带着三块画布和绘画用品，将旅途中所见的景色描绘出来。这幅画作是梵高先在海边画了一幅草图，然后在短暂的旅行结束之后，再依据草图创作了这幅画。

画面中，梵高把眼睛所捕捉到的色彩鲜艳的渔船，清晰地呈现在了画面的前景中，省略其他部分来暗示远方。此种创作手法明显受日本版画中扩大空间的技法影响。在细节的省略与夸张的变形中，突出了空间上的深度。

此外，在这幅油画中，不难发现梵高对色彩的大胆驾驭，画面的颜色跳跃性极强，给人在视觉上带来强大的冲击力。而画中的氛围则自然而然地将人推到一种孤独、落寞的境地中，产生了一种空灵感。

《圣玛丽海滩上的渔船》

1888 年
实际尺寸：65cm×81.5cm
现藏于：荷兰阿姆斯特丹　梵高博物馆

《圣玛丽的三幢白色小屋》

　　这是一幅鲜为人知的梵高画作，是梵高在圣玛丽海滨的一幅写生作品，有着极其艳丽的色彩对比，虽然梵高后期的作品以色彩浓烈著称，但这种用色方式在其众多的作品中也并不常见。画面中的橙色与蓝色、红色与绿色、白色与黑色都极具色彩表现力，饱和度较高的色调十分抓人眼球。画面中的白色房子，在浓郁的色彩背景中跳脱出来，给画面带来了一丝透气感。

　　梵高曾经说："绘画不能仅仅满足于模仿事物的外部形象，而应当在凭感觉真实地描绘自然的同时，表达艺术家的主观见解和情感，使作品具有个性和独特的风格。"而这幅作品就是他这一观点的最佳认证。

《圣玛丽的三幢白色小屋》

1888 年

实际尺寸：33.5cm×41.5cm

现藏于：瑞士苏黎世　苏黎世美术馆

《从麦田远望阿尔勒》

农人虽然只有小小的身影，但他们辛勤劳作的姿态极具动态美感，也加强了整幅画作的生动性与故事性。

在这幅作品中，金黄色的麦田几乎占据了整幅画布，给人带来满目的灿烂。天空和乡镇被压缩到只占据画面五分之一的面积，但却具有丰富的细节。在田野的边缘和阿尔勒小镇的蓝色轮廓之间，可以看到火车的长长身影，在远处弥漫着蒸汽云，呼应着工厂烟囱的烟雾。火车元素的出现反映了自19世纪70年代起，铁路对于印象派画家的吸引力，以及对后世画家的延续性影响。

《从麦田远望阿尔勒》

1888 年
实际尺寸：73cm×54cm
现藏于：法国巴黎　罗丹博物馆

《播种者》

　　梵高的这幅《播种者》明显是受到米勒作品的影响。画作以黄金比例的构图形式分隔天空与大地，并运用了鲜明的橙黄色与蓝紫色。画面中的太阳光芒用鲜明的放射线来描绘，得到一个耀眼夺目的场景，这种光线是不真实的，但却达到了表达梵高个人热烈情感的目的。一个挂着播种袋的播种者行走在金色的地平线上，他仰着头，张开的手臂正向大地播撒着金色的种子，就如同身后阳光给予的能量与热量一样，在成熟的麦田中快乐地播撒，快乐地收获。

　　从梵高的这幅作品中可以清楚地感受到，艺术创作并不是对所见自然的简单描摹，而是表现并创造出一种独立于现实之外的真实。梵高通过对色彩的主观运用，加强补色对比，提高黄色的纯度，以及平涂等多种主观手法，真实地表达出他内心对生活的热爱和对人生的思考。

　　对于这幅画，梵高曾说过如下一段话："我一直想画这样的一个人，他在收割的季节里，辛勤地在田里工作，顶着火炉一般的大太阳，整个法国南部的阳光仿佛都浇在他的身上。"

1888 年
实际尺寸：64.2cm×80.3cm
现藏于：荷兰奥特洛　克勒勒·米勒博物馆

《播种者》

《轻步兵（半身像）》

这幅画作中的人物，是梵高来到阿尔勒的第一个模特，他是一名轻步兵，身材短小精悍，有着粗壮的脖颈和凌厉的双眸。梵高曾写信对提奥说："他的半身像非常难刻画，他身着蓝色军服，这是一种搪瓷锅的蓝色，上面镶着褪色的橘红绦边，胸前点缀着带着花纹的刺绣。虽然他的军服是一种常见的蓝色，却如此难以描绘。他的面容狡黠，肤色过于黝黑，头戴一顶茜红色的无边软帽，我把他呈现在由一扇绿门和橘黄色砖墙组成的背景上。这种不协调的色调组合手法会产生强烈的视觉冲击，但并不容易把控。我为此进行的习作让我深感困苦，可是，我总想创作这样平凡而色彩夺目的肖像画，它让我明白，这就是我在绘画里一直寻求的东西。"

用水粉和彩色铅笔绘制的轻步兵

《轻步兵（半身像）》

1888 年

实际尺寸：65.8cm×55.7cm

现藏于：荷兰阿姆斯特丹 梵高博物馆

《邮递员约瑟夫·鲁林》

画作中约瑟夫·鲁林微微卷曲的胡须
非常生动，将人物的特征烘托出来。

邮差约瑟夫·鲁林（Joseph Roulin）不仅是梵高的模特，也是梵高在阿尔勒为数不多的朋友。在这一时期，梵高为鲁林一家画了二十二幅肖像画。其中鲁林本人六幅，鲁林的妻子五幅，剩余的十一幅画的是鲁林家的三个儿子。梵高"割耳事件"发生后，正是鲁林将梵高送回住所，并叫来医生。

在这幅画作中，鲁林身穿蓝色制服，戴着帽子，他的表情庄重而亲切。画面中的天蓝色背景使画面显得异常明艳，从而衬托出颜色较深的人物轮廓，并使其制服上金黄色的装饰和鲁林微仰着的长满胡须的脸格外醒目。

从袖筒中伸出来的手似乎在摆动，令画面仿佛"活"了起来。

梵高用钢笔勾勒的约瑟夫·鲁林的肖像

《邮递员约瑟夫·鲁林》

1888 年
实际尺寸：81.3cm × 65.4cm
现藏于：美国波士顿　波士顿美术博物馆

《花瓶里的十五朵向日葵》

　　此幅作品是梵高在阿尔勒创作的第四幅向日葵作品，也是该系列作品中最著名的一幅。

　　梵高画下这幅画是为了装点高更的房间，他用强烈的色彩与跳跃的笔触表达对高更将要到来的喜悦之情。画面中明亮的黄色饱和度极高，充满了律动感及生命力。而每一朵向日葵又像是一团火，这团火是有生命力的，仿佛极力想从花瓶里挣脱出来，是梵高内心欲望的写照。

《花瓶里的十五朵向日葵》

1888 年

实际尺寸：92cm×73cm

现藏于：英国伦敦　英国国家美术馆

梵高用浑厚的笔触来表现向日葵的花托，令向日葵具有饱满的轮廓。

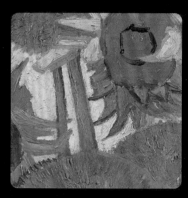

梵高用左右来回运笔的方式画出绿色的枝干，呈现出节奏感与厚实感，增强了花朵下方枝干的支撑度。

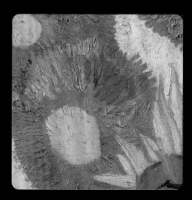

梵高以厚重的颜料堆积出花瓣层叠的纹理，使向日葵具有动人的生命力，仿佛浮雕一般镶在画面上。

《轻步兵第二中尉米勒的肖像》

保罗－尤金·米勒（Paul-Eugene Milliet）同样是梵高在阿尔勒为数不多的朋友之一，他们交换书籍，讨论文学，米勒甚至还跟梵高学习过绘画，且在其生前口述与梵高的交往经历，并成书出版。

米勒是一位法军少尉，比梵高小十岁。其有着英俊的外貌，女人缘也很好，因此被梵高称为"大众情人"。在这幅画作中，米勒身着军装、头戴军帽，胸前挂着奖章，表现出了军人的英武和潇洒。

《轻步兵第二中尉米勒的肖像》

1888 年

实际尺寸：60cm×49cm

现藏于：荷兰奥特洛　克勒勒·米勒博物馆

《献给高更的自画像》

　　这是献给高更的自画像，梵高并没有把自己塑造成常人所认为的样子，而是将自己界定于疯狂的画家与和蔼的牧师之间，注重的是塑造自身想要的形象与气质。

　　画面中的梵高目光锐利，用"日本的方式略微倾斜了眼睛"，使之神似东方人，人物面部颜色反常，脸上微微泛着绿光，表情平淡而冷漠。同时画中改变了夹克的轮廓，使人物和衣着中的棕色脱颖而出。背景选用的是一种淡绿色，用以突出主角。此外，背景上没有任何阴影，使整个场景变得不真实。这幅画的结构简练，笔触平和，色彩淡雅，氛围静谧，仿佛将人带入一个寂寞而安静的世界中。

《献给高更的自画像》

1888 年
实际尺寸：61.5cm×50.3cm
现藏于：美国波士顿　福格艺术博物馆

《夜间咖啡馆》

　　梵高描绘的这家咖啡馆如今依然矗立在法国阿尔勒小镇的拉马丁广场。据说，这幅作品是梵高熬了三个通宵完成的，画面中的墙面、地面、屋顶出现了不规则的透视现象；此外，桌子、椅子、台球桌的形体透视也完全打破了焦点透视的规律，呈现出多焦点透视的特点，这种空间透视现象使画面的张力大大强化，画面也立刻活跃起来。

　　冷清的咖啡馆中，人物散坐在屋内两侧，寥寥可数，越发呈现出咖啡馆内空荡荡的气氛。咖啡馆老板站在偏离中央的地方，孑然一身，在这间大屋子里，看上去格外渺小。这个不祥之地弥漫着凄凉和孤寂的气氛。

　　这幅画作的色彩耀眼，深绿色的天花板、红色的墙壁，以及不和谐的绿色家具组成了噩梦似的场景。黄色地板的透视夸张、变形严重，以一种神秘力量融入红色背景之中。梵高企图利用透视破坏整个空间，从而造成色彩之间的不调和。这种画面构成反映了梵高内心深处的冲突和压力。

1888 年

实际尺寸：72cm×92cm

现藏于：美国纽黑文　耶鲁大学美术馆

《夜间咖啡馆》

《夜晚露天咖啡座》

　　这幅画作被称为梵高"星空三部曲"的第一部。作品中的所有构图线条几乎都指向画面的中心，令观画者的目光被引向那条人行道上，仿佛此刻也在鹅卵石街道上漫步。

　　画面中，梵高运用橙黄色屋檐与深蓝色的星空形成色彩上的对比关系，同时结合屋檐和座位向后的延伸性，使画面产生了纵深感。此外，天空中不同色调的蓝色相间而不相混，层次感很强；座椅下的红色地面与树木中的绿色则强化了画面的视觉效果。

　　梵高曾在描绘这幅画作时说："这幅画画的是没有黑暗的夜景，画里只有美丽的蓝色、紫色和绿色，点缀在那明亮的画面区域的颜色是淡黄色和浅绿色。我很开心能把这样的夜晚描绘出来。"

《夜晚露天咖啡座》

1888 年

实际尺寸：81cm×65.5 cm

现藏于：荷兰奥特洛　克勒勒·米勒博物馆

《罗纳河上的星夜》

梵高在罗纳河创作了许多画作，这幅作品可谓是其中的代表作。此时的梵高内心并不平静，因为画作得不到别人的肯定，身体的疾病又困扰着他，所以他的不安及焦虑明显地流露在画面中。他用短促、厚实的笔触，结合夸张的色调、简练的构图，描绘亦真亦幻的罗纳河星空。

在这幅画中，梵高在同一个视觉空间里将艳丽、张扬的色彩和奔放不安的笔触同时并存，大面积的冷蓝色中点缀了些许的暖黄，就像星光随着夜色从天上倾泻下来。画面中的人物与船，星光和灯光，以及天空跟水均呈现出"大小对比"的关系，表现出一种对照之美。

这时期梵高创作的星空与晚期在圣雷米精神病院创作的星空有着相当大的差异，这幅《罗纳河上的星夜》更像是梵高在一个不起眼的夜晚进行的一场与自我的深度对话，充满了哲思的内省和自我式的思考，且宣告了现代艺术的一个核心宗旨——艺术的核心要义在于表达个人情感和精神意志。

1888 年　　　《**罗纳河上的星夜**》
实际尺寸：72.5cm × 82cm

现藏于：法国巴黎　奥赛博物馆

《有垂柳的公园是诗人的花园》

在阿尔勒居住时，梵高在附近的公园里发现了这样一处小景观：一片绿油油的花草地，很多种类不一的树木，紧紧挨在一起，呈现出各种不同的绿色。于是，梵高拿起画笔，用统一的色调、简单的构图、同样的笔触来表达他眼中看到的景象。他写信告诉提奥："这花园有奇异的特质，教人联想到文艺复兴时期的诗人，但丁、薄伽丘、彼特拉克……踟蹰于树丛之间。"

整幅画作洋溢着阳光之美，使人观之眼前一亮、心旷神怡。柠檬黄色的天空因厚重的颜料和强劲的笔触给予人兴奋的感觉，而前排伞形的垂柳和圆形的杉柏，与后排凌乱笔触的树丛形成强烈对比；但前景柔和的草地，却给人带来一个透气的空间，其垂直的笔触与天空水平的笔法也构成了有趣的对比。

《有垂柳的公园是诗人的花园》

1888 年
实际尺寸：73cm×92cm
现藏于：美国芝加哥　芝加哥艺术学院

《梵高母亲的肖像》

　　1888 年 10 月，梵高为母亲画下了这幅肖像画，虽然有诸多传闻说梵高与母亲不睦，但直到梵高生命的最后一段时间，仍然与母亲通信，而梵高的母亲也一直在支持他的创作。

　　在这幅画作中，梵高使用了带有光泽的黄白色，为母亲的脸部增添了光彩，并用紧张而有力的笔触描绘了母亲的面容，以表现出她的坚强和智慧。

　　梵高并没有完全依据母亲当下的形象作画，而是根据自己的感受进行了一些改变，使母亲看起来更年轻、更健康。他说，"我为母亲画了一幅肖像画，我不能忍受黑白照片的单调，我凭借着对她的记忆给这幅画加上了色彩。"

《梵高母亲的肖像》

1888 年

实际尺寸：40.5cm×32.5cm

现藏于：美国帕萨迪纳　诺顿·西蒙博物馆

玛丽·吉努夫人

　　这是两幅非常相似的肖像画，是梵高在阿尔勒时期的创作。其中《玛丽·吉努夫人与阳伞和手套》这幅画作是先画的，色彩薄而淡。《玛丽·吉努夫人与书籍》这幅画作是后画的，色彩厚重、细腻。

　　画中人物为玛丽·吉努（Mary Ginou），梵高刚来到阿尔勒时就住在她家的酒店。同时玛丽·吉努也是梵高名作《夜晚露天咖啡座》中咖啡店的老板娘。吉努夫人与梵高的关系很好，她曾鼓励梵高说："在你死之后，人们会理解你想要表现的东西，那些今天一百法郎都卖不出去的画，有一天会卖上一百万。你的画将挂在阿姆斯特丹和海牙，巴黎和柏林，成为无价之宝。"

　　在创作画作时，梵高和高更共同将吉努夫人作为模特，但是梵高很尊敬高更，他将吉努夫人的正面视角让给高更，而自己画侧面。

　　梵高用侧面角度的光影塑造了吉努夫人立体的脸部，她的眼睛因角度而低垂，加上细长的眉毛和淡漠的目光，使人联想到这位女士刚直的性格。此外，两幅画作中吉努夫人的坐姿相同，臂肘支在桌子上，仿佛陷入了沉思。梵高曾写信给提奥说："这是在一个小时内勾勒完成的作品，有着平淡的柠檬黄色背景。吉努夫人的脸色灰暗，身穿整体透出普鲁士蓝的深色衣服。她倚靠在绿色桌子上，坐在橘黄色的木制扶手椅中。"

画面中的手套和阳伞非常新潮，与吉努
夫人的普罗旺斯装束搭配相宜。

《玛丽·吉努夫人与阳伞和手套》

1888 年
实际尺寸：92.5cm × 73.5cm
现藏于：法国巴黎　奥赛博物馆

《玛丽·吉努夫人与书籍》

1888 年
实际尺寸：92.5cm × 73.5cm
现藏于：美国纽约　大都会艺术博物馆

吉努夫人面前的几本书并没有书名，但
梵高却用红色的封面、绿色和白色的内
页来暗示书籍生动的内容。

《埃顿花园的记忆》

1888 年

实际尺寸：73.5cm × 92.5cm

现藏于：俄罗斯圣彼得堡　艾尔米塔什博物馆

埃顿花园的记忆

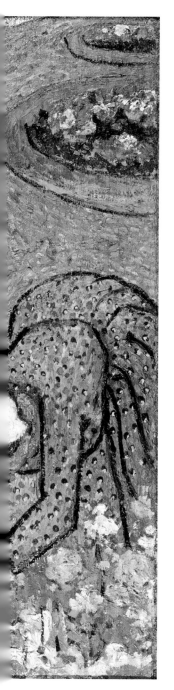

《埃顿花园的记忆》这幅画作是梵高脑海中的场景，被他称之为富有想象力的家中花园的"回忆录"。在画面中，梵高的母亲披着一条点缀着粉色圆点的蓝紫色披肩，几朵柠檬黄色与白色的大丽花在披肩前盛开。撑着红色阳伞，身披绿色和橙色相间披肩的女子则是梵高的小妹妹威尔（威廉敏娜·梵高的昵称）。梵高在写给妹妹的信中说："你在这幅画中给人的印象就像狄更斯小说中的人物。"这两个人物在画面中的位置非常有趣，仅仅占据了画面的一角，却足够吸睛。她们的身后是柏树林、卷心菜田和一个蓝衣女仆，女仆弯腰于开满白色、粉色、黄色和红色的花间，仿佛在照顾花草。

梵高创作这幅画作时，高更已受邀来到阿尔勒，这幅画作的色彩和笔法明显受到高更的影响。梵高将艺术的想象与回忆赋予现实之上，同时把对埃顿、纽南及家人的怀念之情，通过如同连绵思绪的弯曲橙色沙路，以及母亲和妹妹略带忧伤的表情表现出来。

《阿尔勒的姑娘》

1888 年
保罗·高更
实际尺寸：73cm×92cm
现藏于：美国芝加哥
　　　芝加哥艺术学院

这是高更创作的《阿尔勒的姑娘》，从构图上看，和梵高《埃顿花园的记忆》非常相似。扁平的空间和粗线条的勾画表现出广阔的色彩和前卫的装饰感。

《红色葡萄园》

这幅画作是梵高生前唯一卖出的作品。在此画作完成的 15 个月后，提奥的朋友协助梵高把《红色葡萄园》等作品带到比利时的布鲁塞尔，参加 1890 年 1 月开幕的"二十人联展"。在展览期间，画家欧仁·博赫（Eugène Boch）的姐姐安娜·博赫（Anna Boch）以 400 法郎的价格把这幅画买下。

此幅画作创作于梵高在阿尔勒居住的期间，某天他路经此地，被这里的景色深深吸引，因而萌生出创作的念头。他在写给提奥的信中表示："星期天，我看到了一片深得像红酒似的葡萄田，落日的余晖为雨后的田野洒上了金黄色、深红色及暗紫色。"

画面中，梵高用炽热的色调来表现热烈的阳光、血红色的葡萄园，极具感染力。此外，梵高还将画中的阿尔勒农妇画成布列塔尼地方的装扮，给人带来一种别样的视觉感受。

《红色葡萄园》

1888 年

实际尺寸：75cm×93cm

现藏于：俄罗斯莫斯科　普希金国家美术博物馆

《阿利斯康林荫大道》

此幅画作出自梵高与高更初期共同作画的兴致饱满的时期。画面中描绘了法国南部的古罗马墓地遗迹——阿利斯康中央大道的秋日风光，画中可见道路两旁的罗马式陵墓遗迹。在 1888 年，这里也是情侣的约会胜地，时尚的单身阿尔勒女子喜欢在此一展绰约身姿。

画面中利用红黄相间的色彩来渲染秋日的美景，两排笔直而立的树木形成的纵深感令画面具有了空间感，夹在树木上方的蓝色天空，打破了整幅画面的喧闹，给人带来一丝透气感。

这幅画作于 2015 年 5 月 5 日成为纽约苏富比"印象派与现代艺术"拍卖专场上最大的亮点，最终以 6600 万美元成交。

《阿利斯康林荫大道》

1888 年
实际尺寸：92cm×73.5cm
现藏于：私人收藏

《阿尔芒·鲁林的肖像》

　　阿尔芒·鲁林（Armond Roulin）是约瑟夫·鲁林的长子，梵高为其作画时，阿尔芒才刚满 16 岁。梵高利用青绿色作为画面的背景，暗示了这个少年的坦诚。画中的阿尔芒身着亮黄色夹克，透出蓝黑色的马甲，颈部还系了一条白色的围巾，加之帽檐上翘的礼帽，表现出阿尔勒街头少年不羁和追求潮流的态度。但是，阿尔芒那柔软、纤细且几乎没有长齐的小胡子，则令他所想让人看到的成熟气质显得有些虚张声势。在这幅画作中，可以看到梵高的柔情，仿佛是一位父亲在为孩子画像。

《阿尔芒·鲁林的肖像》
————————————

1888 年
实际尺寸：65cm×54.1cm
现藏于：德国埃森　弗柯望博物馆

聊不完的艺术家：悲剧天才梵高

《麦田里的丝柏树》

　　在《麦田里的丝柏树》这幅画作中，梵高仿佛为眼前的风景赋予了灵魂与生命。画面中完全没有直线的笔触，所有的物体都卷曲着、翻涌着。曲线所构成的扭动的动态形体，使得随风摇晃的树仿佛具有了生命，灵动而自然。空中翻滚着的云朵，预示着暴风雨即将到来，但是画面中直立冲天的丝柏树，仿佛并不畏怯，与金灿灿的麦田一起彰显出对命运的抗争，这何尝不是梵高的内心写照——面对残酷而悲凉的命运，依然满怀热情。

　　虽然画面中的一切都在起伏摇动，却有着一种古典式的均衡感。此外，画中的暖色与冷色产生了微妙对比，令整个画面既有视觉冲击力又十分和谐。

《麦田里的丝柏树》

1889 年
实际尺寸：73cm × 93.4cm
现藏于：美国纽约　大都会艺术博物馆

《星空下的丝柏路》

梵高很可能是受到基督教寓言诗《天路历程》的启发而创作了这幅画作。画面中以丝柏树作为视觉中心，而路人则在树的前方行走着。同时，画面中的星星和月亮代表着梵高相信尘世间充满着爱。

梵高在写给高更的信里附有这幅画的素描，并说道："月色黯淡的夜空，有着一弯恰从地球阴影中浮现出来的新月，还有一颗极其光亮的星星，或者说，是在云朵缭绕的夜空里，月亮发出黄色的柔光，梦幻而神秘。在其下的一条道路，路边是一片高大的黄色甘蔗树，一间窗户透出橘色灯光的古老小旅店和一株非常高大的丝柏树，非常的直。路上有着一辆白马拖曳的黄色马车，以及两个夜行者。你可说这非常浪漫，但我认为这也很'普罗旺斯'。"

梵高写给高更的信件（局部）

《奥维尔瓦兹河畔》

这幅画作从表面看并不像梵高后期的风格，但画中通过色彩流露出的稚气又显得无比亲和。梵高在这幅画作中，用蓝色、绿色、黄色营造出自然的光影，使高大的树木更立体，安静的河水更透彻。彩色的划艇沿岸停靠，远处展帆的红色小船非常灵动。纵览整幅画作，不断变化的暗色带给人一丝压抑的感觉，但画作的整体情绪是快乐的。

此外，画面中的人物画法粗犷，是梵高一贯的手法，他们的身份不明，也许是提奥一家在奥维尔时，也许是加谢医生和家人，或者仅仅只是几个普通的游人……尽管如此，这些人物组合在一起，使这片静谧的河畔充满了生机。

《奥维尔瓦兹河畔》

1890 年

实际尺寸：73.3cm×93.6cm

现藏于：美国底特律 底特律美术馆

《花瓶中的鸢尾花》

梵高在圣雷米精神病院画下了这幅静物画，对他来说，这幅画主要是对色彩的研究，他用颜色反差强烈的笔触来刻画这束鸢尾花。

画面中的蓝色鸢尾花在鲜丽的柠檬黄色背景下浮现，这种强烈的补色关系，令画面显得格外耀眼，也令装饰形式更加突出。实际上，画面中的蓝色鸢尾花最初是紫色的，但由于紫色颜料中的红色部分未能经受住光线的洗礼，导致褪色成蓝色。

《花瓶中的鸢尾花》

1890 年

实际尺寸：92.7cm × 73.9cm

现藏于：荷兰阿姆斯特丹　梵高博物馆

《艾德琳·拉武肖像》

　　艾德琳·拉武（Adeline Ravoux）是梵高 1890 年寄宿在奥维尔时期，酒店管理员阿瑟－古斯塔夫·拉武（Arthur-Gustave Ravoux）的女儿，画面中的她只有 12 岁。梵高曾为艾德琳画过三幅肖像画，都是在他去世前一个月时创作的，也许这幅画还未晾干，梵高的生命就已经结束了，但画中女孩的样子与神情却成了永生不朽的法式情节与希望。艾德琳曾这样描述过梵高："当你看到他天真的样子，你马上会忘掉他所缺乏的吸引力。"

　　在这幅画作中，梵高用明亮而饱满的色彩来表现艾德琳的形象，金色的发丝、脸庞以及双手，与暗淡而单调的背景形成了强烈的对比。

《艾德琳·拉武肖像》

1890 年
实际尺寸：67cm×55cm
现藏于：私人收藏

《在花园里的加谢小姐》

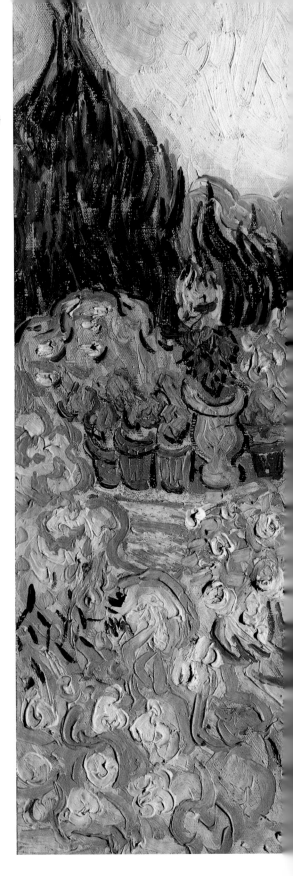

这是在梵高生命结束前一个月画下的作品，画面中却看不出一丝阴霾。加谢小姐在清澈的蓝天下和鲜艳的花丛间美成了一首童话。梵高把景色的美与女孩的美描绘在一起，表达出梵高内心对美的追求。

玛格丽特·加谢（Marguerite Gachet）是加谢医生的女儿，她非常理解和欣赏梵高，甚至不顾父亲的反对，跟梵高一起散步，一起写生，当地船夫亲眼见过梵高和她约会。在梵高去世后，加谢小姐还经常去梵高的墓前献花。

在这幅画作中，花园里盛开着大片的白色玫瑰，它们出现在淡黄色与青绿色的草丛间；一团浅柠檬色的金盏花将加谢小姐纤细的身体包围，展现了此时花园的安静与加谢小姐的惬意之情。高大的丝柏树矗立在花园坡地的边缘，是一种精神上的安全依赖，与加谢小姐的柔弱身形形成反差，体现出一种单纯的保护欲，将女子衬托得更加温柔与纯真。

《在花园里的加谢小姐》

1890 年

实际尺寸：46cm×55cm

现藏于：法国巴黎 奥赛博物馆

《杜比尼花园的一角》

　　夏尔－弗朗索瓦·杜比尼（Charles-Francois Daubigny）是梵高非常喜欢的一位风景画家，他曾居住在奥维尔，因此梵高非常渴望描绘其故居的花园，来向这位前辈表达自己的敬意，这也是梵高来到奥维尔后一直想做的事情。

　　梵高曾创作过三个关于杜比尼花园的版本，在这个版本中，梵高利用近景描绘的方式，将花园安静的一角展现出来。在画面的近景中可以看到争相开放的红色的、粉色的、白色的花朵，好不热闹。而草丛边上的树木一字排开，消失在房屋前。树间的蓝色花丛掩映生姿，为大面积的绿色画面添加了几抹鲜活。

　　另外，比较有意思的是，这幅画作不是在油画布上绘制而成。由于缺乏所需的材料，梵高决定利用手上现有的材料来作画，他找来一块抹布（也有说是毛巾），在上面涂上了厚厚的颜料，但若将画作放大来看，在有力而流畅的笔触之间，仍能看到抹布的原本模样。

《杜比尼花园的一角》

1890 年
实际尺寸：51cm×51.2cm
现藏于：荷兰阿姆斯特丹　梵高博物馆

《杜比尼的花园》

在创作这幅作品时，梵高已经进入生命的后期，他的精神状况时好时坏，此作是他在好转时创作的。

《杜比尼的花园》
———————
1890 年
实际尺寸：56cm×101cm
现藏于：瑞士巴塞尔　巴塞尔美术馆

在这幅画作中，梵高用粉色、绿色和紫色展现了初夏花园的栩栩如生。大片的玫瑰和树木簇拥着，天空中飘浮着淡黄色的薄云，呼应着浅黄色的花朵，一种柔美的暖意扑面而来。出现在花园中的椅子和桌子令人仿佛可以感受到放松的生活。桌椅旁站着一个女人，据猜测是杜比尼的遗孀。画面下方的一只黑猫似乎一闪而现，为这幅作品增加了神秘色彩。

附录 1：艺术家年表

1853 年，梵高出生于荷兰小镇津德尔特，自出生起就活在早夭哥哥的阴影之下。在母亲强势的管教之下，梵高度过了"毫无生趣"的童年。

1879 年，梵高接受了一份到博里纳日做业余传教士的工作。在这一期间，梵高画下了多幅描绘矿工生活状态的画作。

由于爱上了自己的表姐，梵高和家人产生了不可调和的矛盾。于是，在 1882 年 1 月，梵高决定定居海牙，和表亲安东·莫夫学画。这一时期，梵高和自己的绘画模特西恩·霍伦尼克产生了感情，希望能够和她共建温暖家庭，但不久之后这一愿望再次破灭。

1853 ~ 1868 年	1869 ~ 1878 年	1879 年	1880 ~ 1881 年	1882 年

1869 年，16 岁的梵高成为一名艺术品销售员，直至 1876 年被解雇。在这期间，梵高还经历了两次爱情上的挫折，在一定程度上成为他此后悲剧人生的诱因。被解雇之后，梵高曾先后从事过代课老师、书店店员等职业，也曾考取过有关神学的院校，但都无疾而终。

1880 年是梵高的人生转折点，他决定成为一名画家。在布鲁塞尔，他开始研习绘画技巧，并尝试临摹大师们的作品。1881 年春天，梵高回到父母在埃顿的家，开始以邻居为模特练习画画，同时常去户外写生。

1886 年，梵高来到巴黎，至此他的画作色彩彻底明亮起来。印象派、点彩派，以及日本版画均对梵高的创作产生了深远的影响。

1889 年 5 月，梵高自愿来到圣雷米精神病院接受治疗。期间他描绘了精神病院以及花园的景象，并在山谷中画下了丝柏树、橄榄树，且创造出了伟大的作品《星空》。

1883 ~ 1885 年	1886 ~ 1887 年	1888 年	1889 年	1890 年

这一时期，梵高先后在德伦特、纽南、安特卫普生活过，且坚持不懈地进行创作。他画下了数量众多的风景画及"农民画"。梵高第一幅真正意义的重要作品《吃土豆的人》就诞生于这一时期。

这一年，梵高来到了阿尔勒，住进"黄房子"，期待着高更的到来。但两人仅仅共同生活、创作了两个月，就因频繁争吵导致了"割耳事件"的爆发。但在此居住的 15 个月里，梵高创作了300 多幅画作，著名的《花瓶里的十五朵向日葵》即在此时创作的。

这是梵高生命的最后一年，他在奥维尔度过，他疯狂作画，奥维尔的麦田和花园见证了梵高的生命轨迹。但 7 月 27 日的一声枪响，永远地结束了梵高年轻的 37 岁的生命。

附录 2：艺术家画作分布